RECUEIL

VICTOR HUGO

LIVRE POUR ANNIVERSAIRES

PARIS

PAUL OLLENDORFF ÉDITEUR

Ye
3192

RECUEIL

VICTOR HUGO

—✵—

Extraits choisis par Mlle *BLEES*

RECUEIL

VICTOR HUGO

—✱—

LIVRE POUR ANNIVERSAIRES

—✱—

Extraits choisis par Mlle BLEES

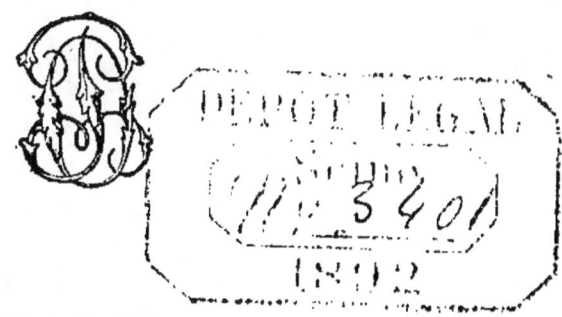

PARIS

PAUL OLLENDORFF, ÉDITEUR

28 *bis*, RUE DE RICHELIEU, 28 *bis*

—

1892

NOTE DE L'ÉDITEUR

Les livres du genre de celui que nous offrons a nos lecteurs sont très répandus en Angleterre sous le nom de Birthday-Book.

Rien n'est plus agréable et plus gracieux que ces élégantes publications sur les pages blanches desquelles chacun peut écrire ses impressions du jour, ses pensées et ses souvenirs.

Les recueils anglais contiennent un choix

des plus beaux vers de Byron, des plus hautes pensées de Shakespeare, etc.

Il manquait à la langue française de semblables petits livres composés avec les vers de nos poètes et avant tout avec les vers de notre grand poète national Victor Hugo. *Nous avons comblé cette lacune.*

Le choix de ces vers a été fait de la façon la plus judicieuse; on y trouvera les plus jolies, les plus poétiques conceptions de ce prodigieux esprit.

Voici de quelle façon on peut se servir de notre recueil :

Ou bien on note un anniversaire, en regardant quelle pensée s'y rapporte, et il y a là des rapprochements souvent très saisissants;

Ou bien on choisit une maxime, une des pensées imprimées, que l'on commente ou que l'on prie une personne amie de commenter;

Ou enfin, comme dans un journal, en face des vers cités, on écrit chaque jour le fait important de sa vie, un souvenir que la poésie voisine vient graver plus avant dans l'esprit et embaumer pour ainsi dire.

Les jeunes filles et les jeunes femmes voudront toutes avoir notre joli recueil, qui est essentiellement un livre de famille.

JANVIER

1ᵉʳ Janvier

Espère, enfant! demain! et puis demain encore!
Et puis toujours demain! croyons dans l'avenir!
Espère, et chaque fois que se lève l'aurore,
Soyons là pour prier, comme Dieu pour bénir!

2 Janvier

Il n'est rien ici-bas qui ne trouve sa pente.
Le fleuve jusqu'aux mers dans les plaines serpente.
L'abeille sait la fleur qui recèle le miel.
Toute aile vers son but incessamment retombe.
L'aigle vole au soleil, le vautour à la tombe,
L'hirondelle au printemps et la prière au ciel!

1er Janvier

2 Janvier

3 Janvier

Dieu nous éclaire à chacun de nos pas,
Sur ce qu'il est et sur ce que nous sommes ;
Une loi sort des choses d'ici-bas
    Et des hommes !

Cette loi sainte, il faut s'y conformer,
Et la voici, toute âme y peut atteindre :
Ne rien haïr, mon enfant, tout aimer,
    Ou tout plaindre !

4 Janvier

Oh ! bien loin de la voie
Où marche le pécheur,
Chemine où Dieu t'envoie.
Enfant, garde ta joie !
Lis, garde ta blancheur !

3 Janvier

4 Janvier

5 Janvier

Mon Dieu ! mettez la paix et la joie auprès d'elle.
Ne troublez pas ses jours, ils sont à vous, Seigneur !
Vous devez la bénir, car son âme fidèle
Demande à la vertu le secret du bonheur.

6 Janvier

Toujours ce qui là-bas vole au gré du zéphir,
Avec des ailes d'or, de pourpre et de saphir,
    Nous fait courir et nous devance ;
Mais adieu l'aile d'or, pourpre, émail, vermillon,
Quand l'enfant a saisi le frêle papillon,
    Quand l'homme a pris son espérance !

✧✧✧✧✧✧✧✧✧✧✧✧ **5 Janvier** ✧✧✧✧✧✧✧✧✧✧✧✧

....

....

....

....

....

✧✧✧✧✧✧✧✧✧✧✧✧ **6 Janvier** ✧✧✧✧✧✧✧✧✧✧✧✧

....

....

....

....

....

7 Janvier

Donnez riches ! L'aumône est sœur de la prière.
Hélas ! quand un vieillard sur votre seuil de pierre,
Tout roidi par l'hiver, en vain tombe à genoux !
Quand les petits enfants, les mains de froid rougies,
Ramassent sous vos pieds les miettes des orgies,
La face du Seigneur se détourne de vous !

8 Janvier

Oh ! ne vous hâtez point de mûrir vos pensées !
Jouissez du matin, jouissez du printemps ;
Vos heures sont des fleurs l'une à l'autre enlacées :
Ne les effeuillez pas plus vite que le temps.

7 Janvier

8 Janvier

9 Janvier

Bien souvent Dieu repousse
Du pied les hautes tours ;
Mais dans le nid de mousse,
Où chante une voix douce,
Il regarde toujours !

10 Janvier

Toute espérance, enfant, est un roseau.
Dieu dans ses mains tient nos jours, ma colombe ;
Il les dévide à son fatal fuseau,
Puis le fil casse et notre joie en tombe,
      Car dans tout berceau
      Il germe une tombe.

9 Janvier

....
....
....
....
....

10 Janvier

....
....
....
....
....

11 Janvier

La gloire est vite abattue ;
L'envie au sanglant flambeau
N'épargne cette statue
Qu'assise au seuil d'un tombeau.
La prospérité s'envole,
Le pouvoir tombe et s'enfuit ;
Un peu d'amour qui console
Vaut mieux et fait moins de bruit.

12 Janvier

A toi ! toujours à toi ! que chanterait ma lyre ?
A toi l'hymne d'amour ! à toi l'hymne d'hymen !
Quel autre nom pourrait éveiller mon délire ?
Ai-je appris d'autres chants ? sais-je un autre chemin ?

11 Janvier

12 Janvier

13 Janvier

Sois pure sous les cieux ! comme l'onde et l'aurore,
Comme le joyeux nid, comme la tour sonore,
Comme la gerbe blonde, amour du moissonneur,
Comme l'astre incliné, comme la fleur penchante,
Comme tout ce qui vit, comme tout ce qui chante,
Comme tout ce qui dort dans la paix du Seigneur !

14 Janvier

Pure Innocence ! Vertu sainte !
O les deux sommets d'ici-bas !
Où croissent sans ombre et sans crainte
Les deux palmes des deux combats !

Palme du combat Ignorance !
Palme du combat Vérité
L'âme à travers sa transparence
Voit trembler leur double clarté.

✧✧✧✧✧✧✧✧✧✧✧✧✧ 13 Janvier ✧✧✧✧✧✧✧✧✧✧✧✧✧

✧✧✧✧✧✧✧✧✧✧✧✧✧ 14 Janvier ✧✧✧✧✧✧✧✧✧✧✧✧✧

15 Janvier

..... Dis pour toute prière :
— Seigneur, Seigneur mon Dieu, vous êtes notre
[père ;
Grâce, vous êtes bon ! grâce, vous êtes grand ! —
Laisse aller ta parole où ton âme l'envoie ;
Ne t'inquiète pas, toute chose a sa voie,
Ne t'inquiète pas du chemin qu'elle prend.

16 Janvier

Il est des jours de brume et de lumière vague,
Où l'homme que la vie à chaque instant confond,
Étudiant la plante, ou l'étoile, ou la vague,
S'accoude au bord croulant du problème sans fond,

Où le songeur, pareil aux antiques augures,
Cherchant Dieu, que jadis plus d'un voyant surprit,
Médite en regardant fixement les figures
    Qu'on a dans l'ombre de l'esprit.

15 Janvier

16 Janvier

17 Janvier

Oh ! l'amour d'une mère ! — amour que nul n'oublie
Pain merveilleux que Dieu partage et multiplie !
Table toujours servie au paternel foyer !
Chacun en a sa part, et tous l'ont tout entier !

18 Janvier

L'homme est l'arbre à qui la sève
Manque avant qu'il soit en fleur.
Son sort jamais ne s'achève
Que du côté du malheur.

Tous cherchent la joie ensemble ;
L'esprit rit à tout venant ;
Chacun tend sa main qui tremble
Vers quelque objet rayonnant.

17 Janvier

18 Janvier

19 Janvier

Tous dans la joie ou dans l'affront
Portent sans nuage et sans tache,
Un mot qui rayonne à leur front,
Dans leur âme un mot qui se cache.

. . . .

Ce mot, fondement éternel
De la seconde des deux Romes,
C'est Foi dans la langue du ciel,
Amour dans la langue des hommes.

20 Janvier

Puisque j'ai vu briller sur ma tête ravie
Un rayon de ton astre, hélas ! voilé toujours ;
Puisque j'ai vu tomber dans l'onde de ma vie
Une feuille de rose arrachée à tes jours ;

Je puis maintenant dire aux rapides années :
Passez ! passez toujours, je n'ai plus à vieillir !
Allez-vous-en avec vos fleurs toutes fanées,
J'ai dans l'âme une fleur que nul ne peut cueillir !

19 Janvier

20 Janvier

21 Janvier

Comme dans les étangs assoupis sous les bois,
Dans plus d'une âme on voit deux choses à la fois :
Le ciel qui teint les eaux à peine remuées
Avec tous ses rayons et toutes ses nuées ;
Et la vase, fond morne, affreux, sombre et dormant,
Où des reptiles noirs fourmillent vaguement.

22 Janvier

L'hiver blanchit le dur chemin,
 Tes jours au méchant sont en proie.
La bise mord ta douce main ;
 La haine souffle sur ta joie.

La neige emplit le noir sillon.
 La lumière est diminuée... —
Ferme ta porte à l'aquilon !
 Ferme ta vitre à la nuée !

✧✧✧✧✧✧✧✧✧✧✧✧ **21 Janvier** ✧✧✧✧✧✧✧✧✧✧✧✧

....
....
....
....
....
....

✧✧✧✧✧✧✧✧✧✧✧✧ **22 Janvier** ✧✧✧✧✧✧✧✧✧✧✧✧

....
....
....
....
....
....

23 Janvier

Non, si puissant qu'on soit, non, qu'on rie ou qu'on
[pleure,
Nul ne te fait parler, nul ne peut avant l'heure
  Ouvrir ta froide main,
O fantôme muet, ô notre ombre, ô notre hôte,
Spectre toujours masqué qui nous suit côte à côte
  Et qu'on nomme demain !

24 Janvier

Oh ! demain, c'est la grande chose !
De quoi demain sera-t-il fait ?
L'homme aujourd'hui sème la cause,
Demain Dieu fait mûrir l'effet !

23 Janvier

24 Janvier

25 Janvier

Si, près de toi, quelqu'un pleure en rêvant,
Laisse pleurer sans en chercher la cause,
Pleurer est doux, pleurer est bon souvent.
Pour l'homme, hélas ! sur qui le sort se pose
    Toute larme, enfant,
    Lave quelque chose.

26 Janvier

Où donc est le bonheur ? disais-je. — Infortuné !
Le bonheur, ô mon Dieu ! vous me l'avez donné :
Naître et ne pas savoir que l'enfance éphémère
Ruisseau de lait qui fuit dans une goutte amère,
Est l'âge du bonheur et le plus beau moment,
Que l'homme, ombre qui passe, ait sous le firmament !

25 Janvier

26 Janvier

27 Janvier

Sois bonne. La bonté contient les autres choses.
Le Seigneur indulgent sur qui tu te reposes
Compose de bonté le penseur fraternel.
La bonté, c'est le fonds des natures augustes.
D'une seule vertu Dieu fait le cœur des justes,
Comme d'un seul saphir la coupole du ciel.

28 Janvier

Le grand homme vaincu peut perdre en un instant
Sa gloire, son empire, et son trône éclatant,
    Et sa couronne qu'on renie.
Tout jusqu'à ce prestige à sa grandeur mêlé
Qui faisait voir son front dans un ciel étoilé.
    Il garde toujours son génie !

27 Janvier

28 Janvier

29 Janvier

Poète, tu fais bien ! Poète au triste front,
    Tu rêves près des ondes,
Et tu tires des mers bien des choses qui sont
    Sous les vagues profondes !

La mer, c'est le Seigneur, que, misère ou honheur,
    Tout destin montre ou nomme ;
Le vent, c'est le Seigneur ; l'astre, c'est le Seigneur !
    Le navire, c'est l'homme !

30 Janvier

Nous ne voyons jamais qu'un seul côté des choses :
L'autre plonge en la nuit d'un mystère effrayant.
L'homme subit le joug sans connaître les causes :
Tout ce qu'il voit est court, inutile et fuyant !

29 Janvier

30 Janvier

31 Janvier

Pour ceux que les vices consument,
Les enfants veillent au saint lieu ;
Ce sont des fleurs qui le parfument,
Ce sont des encensoirs qui fument,
Ce sont des voix qui vont à Dieu !

Laissons faire ces voix sublimes,
Laissons les enfants à genoux.
Pécheurs ! nous avons tous nos crimes,
Nous penchons tous sur les abîmes ;
L'enfance doit prier pour tous !

31 Janvier

FÉVRIER

1ᵉʳ Février

..... La vie à différer se passe,
De projets en projets et d'espace en espace
Le fol esprit de l'homme en tout temps s'envola.
Un jour enfin, lassés du songe qui nous leurre,
Nous disons : « Il est temps. Exécutons ! c'est l'heure. »
Alors nous retournons les yeux, — la mort est là !

2 Février

Mais Dieu jamais ne se retire !
Non, jamais, par les monts caché,
Ce soleil, vers qui tout aspire,
Ne s'est complètement couché !
Toujours pour les mornes vallées,
Pour les âmes d'ombre aveuglées,
Pour les cœurs que l'orgueil corrompt,
Il laisse, au-dessus de l'abîme,
Quelques rayons sur une cime,
Quelques vérités sur un front !

1ᵉʳ Février

2 Février

3 Février

Rêver, c'est le bonheur; attendre, c'est la vie.
Courses! pays lointains! voyages! folle envie!
C'est assez d'accomplir le voyage éternel.
Tout chemine ici-bas vers un but de mystère.
Où va l'esprit dans l'homme? où va l'homme sur terre?
Seigneur! Seigneur! où va la terre dans le ciel?

4 Février

Ne dis pas : « Mon art n'est rien... »
Sors de la route tracée,
Ouvrier magicien,
Et mêle à l'or la pensée!

Tous les penseurs, sans chercher
Qui finit ou qui commence,
Sculptent le même rocher :
Ce rocher, c'est l'art immense.

✧✧✧✧✧✧✧✧✧✧✧✧ 3 Février ✧✧✧✧✧✧✧✧✧✧✧✧

....
....
....
....
....
....
....

✧✧✧✧✧✧✧✧✧✧✧✧ 4 Février ✧✧✧✧✧✧✧✧✧✧✧✧

....
....
....
....
....
....
....

5 Février

Ce siècle est grand et fort ; un noble instinct le mène.
Partout on voit marcher l'Idée en mission ;
Et le bruit du travail, plein de parole humaine,
Se mêle au bruit divin de la création.

. . . .

Mais parmi ces progrès dont notre âge se vante,
Dans tout ce grand éclat d'un siècle éblouissant,
Une chose, ô Jésus, en secret m'épouvante :
C'est l'écho de ta voix qui va s'affaiblissant.

6 Février

Quelle est la fin de tout ? La vie ou bien la tombe ?
Est-ce l'onde où l'on flotte ? est-ce l'ombre où l'on
[tombe ?
De tant de pas croisés quel est le but lointain ?
Le berceau contient-il l'homme ou bien le destin ?
Sommes-nous ici-bas, dans nos maux, dans nos joies,
Des rois prédestinés, ou de fatales proies ?

5 Février

6 Février

7 Février

O Seigneur, dites-nous, dites-nous, ô Dieu fort,
Si vous n'avez créé l'homme que pour le sort;
Si déjà le calvaire est caché dans la crèche,
Et si les nids soyeux dorés par l'aube fraiche,
Où la plume naissante éclôt parmi des fleurs,
Sont faits pour les oiseaux ou pour les oiseleurs?

8 Février

Non, le temps n'ôte rien aux choses.
Plus d'un portique à tort vanté
Dans ses lentes métamorphoses
Arrive enfin à la beauté.
Sur les monuments qu'on révère
Le temps jette un charme sévère
De leur façade à leur chevet.
Jamais, quoi qu'il brise et qu'il rouille,
La robe dont il les dépouille
Ne vaut celle qu'il leur revêt.

7 Février

....
....
....
....
....
....

8 Février

....
....
....
....
....
....

9 Février

Lorsque l'enfant paraît, le cercle de famille
Applaudit à grands cris ; son doux regard qui brille
    Fait briller tous les yeux,
Et les plus tristes fronts, les plus souillés peut-être,
Se dérident soudain à voir l'enfant paraître,
    Innocent et joyeux.

10 Février

Il est si beau, l'enfant avec son doux sourire ;
Sa douce bonne foi, sa voix qui veut tout dire,
    Ses pleurs vite apaisés ;
Laissant errer sa vue étonnée et ravie,
Offrant de toute part sa jeune âme à la vie
    Et sa bouche aux baisers !

9 Février

10 Février

11 Février

Seigneur! préservez-moi, préservez ceux que j'aime,
Frères, parents, amis et mes ennemis même
        Dans le mal triomphants
De jamais voir, Seigneur! l'été sans fleurs vermeilles,
La cage sans oiseaux, la ruche sans abeilles,
        La maison sans enfants!

12 Février

Tout ce qui t'approche désire
Se faire regarder par toi,
Sachant que ta chanson, ton rire
Et ton front sont de bonne foi.

O Jeanne, ta douceur est telle,
Qu'en errant dans les bois bénis,
Elle fait dresser devant elle
Les petites têtes des nids.

✧✧✧✧✧✧✧✧✧✧✧✧ 11 Février ✧✧✧✧✧✧✧✧✧✧✧✧

....
....
....
....
....
....

✧✧✧✧✧✧✧✧✧✧✧✧ 12 Février ✧✧✧✧✧✧✧✧✧✧✧✧

....
....
....
....
....
....

13 Février

O ma fille, âme heureuse !
O lac de pureté !
Dans la vallée ombreuse,
Reste où ton Dieu te creuse
Un lit plus abrité !

Lac que le ciel parfume !
Le monde est une mer ;
Son souffle est plein de brume :
Un peu de son écume
Rendrait ton flot amer !

14 Février

Le sort des nations, comme une mer profonde,
A ses écueils cachés et ses gouffres mouvants.
Aveugle qui ne voit, dans les destins du monde,
Que le combat des flots sous la lutte des vents !

Un souffle immense et fort domine ces tempêtes
Un rayon du ciel plonge à travers cette nuit.
Quand l'homme au cri de mort mêle le cri des fêtes,
Une secrète voix parle dans ce vain bruit.

13 Février

14 Février

15 Février

Que ce soit Urgèle ou Morgane,
J'aime, en un rêve sans effroi,
Qu'une fée au corps diaphane,
Ainsi qu'une fleur qui se fane,
Vienne pencher son front sur moi.

C'est elle dont le luth d'ivoire
Me redit, sur un mâle accord,
Vos contes, qu'on n'oserait croire,
Bons paladins, si votre histoire
N'était plus merveilleuse encor.

16 Février

Dans le désert qui me réclame,
Cachée en tout ce que je vois,
C'est elle qui fait, pour mon âme,
De chaque rayon une flamme,
Et de chaque bruit une voix ;

. . . .

Elle, — qui, la nuit, quand je veille,
M'apporte de confus abois ;
Et, pour endormir mon oreille,
Dans le calme du soir, éveille
Un cor lointain au fond des bois !

15 Février

16 Février

17 Février

Si j'étais la feuille que roule
L'aile tournoyante du vent,
Qui flotte sur l'eau qui s'écoule,
Et qu'on suit de l'œil en rêvant ;

Je me livrerais, fraîche encore,
De la branche me détachant,
Au zéphyr qui souffle à l'aurore,
Au ruisseau qui vient du couchant.

18 Février

Plus loin que le fleuve qui gronde,
Plus loin que les vastes forêts,
Plus loin que la gorge profonde,
Je fuirais, je courrais, j'irais !
. . . .

Plus loin que les terres arides
Du chef maure au large yataghan,
Dont le front pâle a plus de rides
Que la mer un jour d'ouragan.

17 Février

18 Février

19 Février

Oui, ce front, ce sourire et cette fraîche joue,
    C'est bien l'enfant qui pleure et qui joue,
    Et qu'un esprit du ciel défend !
On dirait qu'elle écoute un chœur de voix célestes
    Que, de loin, des vierges modestes
    Elle entend l'appel gracieux ;
A son joyeux regard, à son naïf sourire,
    On serait tenté de lui dire :
    « Jeune ange, quel fut ton martyre,
Et quel est ton nom dans les cieux ? »

20 Février

    Amis, loin de la ville,
    Loin des palais de roi,
    Loin de la cour servile,
    Loin de la foule vile,
    Trouvez-moi, trouvez-moi

    . . . .

    Quelque asile sauvage,
    Quelque abri d'autrefois,
    Un port sur le rivage,
    Un nid sous le feuillage,
    Un manoir dans les bois !

✧✧✧✧✧✧✧✧✧✧✧✧✧✧ **19 Février** ✧✧✧✧✧✧✧✧✧✧✧✧✧✧

✧✧✧✧✧✧✧✧✧✧✧✧✧✧ **20 Février** ✧✧✧✧✧✧✧✧✧✧✧✧✧✧

21 Février

. . . .
Pourvu que seulement
La tour hospitalière
Où je prendrais mon nid,
Ait, vieille chevalière,
Un panache de lierre
Sur son front de granit !
. . . .

Mais, donjon ou chaumière,
Du monde délié,
Je vivrai de lumière
D'extase et de prière,
Oubliant, oublié !

22 Février

Le parfum d'un lis pur, l'éclat d'une auréole,
    La dernière rumeur du jour,
La plainte d'un ami qui s'afflige et console,
L'adieu mystérieux de l'heure qui s'envole,
    Le doux bruit d'un baiser d'amour ;

Le chant d'un chœur lointain, le soupir qu'à l'aurore
    Rendait le fameux Memnon,
Le murmure d'un son qui tremble et s'évapore...
Tout ce que la pensée a de plus doux encore,
    O lyre, est moins doux que son nom !

21 Février

22 Février

23 Février

Oh ! pourquoi te cacher ? Tu pleurais seule ici,
Devant tes yeux rêveurs qui donc passait ainsi ?
      Quelle ombre flottait dans ton âme ?
. . . .
Il suffit pour pleurer de songer qu'ici-bas
      Tout miel est amer, tout ciel sombre ;
Que toute ambition trompe l'effort humain,
Que l'esprit est un leurre, et qu'il n'est pas de main
      Qui garde l'onde ou prenne l'ombre !

24 Février

Soyez comme l'oiseau, posé pour un instant,
      Sur des rameaux trop frêles,
Qui sent plier la branche, et qui chante pourtant,
      Sachant qu'il a des ailes !

23 Février

24 Février

25 Février

Vous qui pleurez, venez à ce Dieu, car il pleure.
Vous qui souffrez, venez à lui, car il guérit.
Vous qui tremblez, venez à lui, car il sourit.
Vous qui passez, venez à lui, car il demeure.

26 Février

Ce siècle avait deux ans! Rome remplaçait Sparte.
Déjà Napoléon perçait sous Bonaparte.
. . . .
Alors dans Besançon, vieille ville espagnole,
Jeté comme la graine au gré de l'air qui vole,
Naquit, d'un sang breton et lorrain à la fois,
Un enfant sans couleur, sans regard et sans voix :
. . . .
Cet enfant que la vie effaçait de son livre,
Et qui n'avait pas même un lendemain à vivre,
C'est moi.

25 Février

26 Février

27 Février

Peuples, écoutez le poète !
Écoutez le rêveur sacré !
Dans votre nuit, sans lui complète,
Lui seul a le front éclairé !
Des temps futurs perçant les ombres,
Lui seul distingue en leurs flancs sombres
Le germe qui n'est pas éclos.
Homme, il est doux comme une femme ;
Dieu parle à voix basse à son âme,
Comme aux forêts et comme aux flots !

28 Février

L'homme seul peut parler, et l'homme ignore, hélas !
Inexplicable arrêt ! quoi qu'il rêve ici-bas,
Tout se voile à ses yeux sous un nuage austère,
Et l'âme du mourant s'en va dans le mystère !

✧✧✧✧✧✧✧✧✧✧✧✧ 27 Février ✧✧✧✧✧✧✧✧✧✧✧✧

....
....
....
....
....
....

✧✧✧✧✧✧✧✧✧✧✧✧ 28 Février ✧✧✧✧✧✧✧✧✧✧✧✧

....
....
....
....
....
....

29 Février

Enivrez-vous de tout ! enivrez-vous, poètes,
Des gazons, des ruisseaux, des feuilles inquiètes,
Du voyageur de nuit dont on entend la voix,
De ces premières fleurs dont février s'étonne,
Des eaux, de l'air, des prés, et du bruit monotone
Que font les chariots qui passent dans les bois !

29 Février

MARS

1ᵉʳ Mars

Elle était pâle et pourtant rose,
Petite avec de grands cheveux.
Elle disait souvent : « Je n'ose, »
Et ne disait jamais : « Je veux. »
Le soir, elle prenait ma Bible
Pour y faire épeler sa sœur,
Et, comme une lampe paisible,
Elle éclairait ce jeune cœur.

2 Mars

On vit, on parle, on a le ciel et les nuages
Sur la tête, on se plaît aux livres des vieux sages.
. . . .
On aime, on est aimé, bonheur qui manque aux rois!
On écoute le chant des oiseaux dans les bois.
. . . .
Devant le but qu'on veut et le sort qui vous prend,
On se sent faible et fort, on est petit et grand ;
On est flot dans la foule, âme dans la tempête.
Tout vient et passe ; on est en deuil, on est en fête ;
On arrive, on recule, on lutte avec effort... —
Puis, le vaste et profond silence de la mort!

1er Mars

2 Mars

3 Mars

Demain, dès l'aube, à l'heure où blanchit la campagne,
Je partirai. Vois-tu, je sais que tu m'attends.
J'irai par la forêt, j'irai par la montagne :
Je ne puis demeurer loin de toi plus longtemps.
. . . .

Je ne regarderai ni l'or du soir qui tombe,
Ni les voiles au loin descendant vers Harfleur,
Et quand j'arriverai, je mettrai sur ta tombe
Un bouquet de houx vert et de bruyère en fleur.

4 Mars

O vous que votre âge défend,
Riez ! tout vous caresse encore.
Jouez ! chantez ! soyez l'enfant !
Soyez la fleur ! soyez l'aurore !

Quant au destin, n'y songez pas.
Le ciel est noir, la vie est sombre.
Hélas ! que fait l'homme ici-bas ?
Un peu de bruit et beaucoup d'ombre.

✧✧✧✧✧✧✧✧✧✧✧✧ 3 Mars ✧✧✧✧✧✧✧✧✧✧✧✧

....
....
....
....
....
....

✧✧✧✧✧✧✧✧✧✧✧✧ 4 Mars ✧✧✧✧✧✧✧✧✧✧✧✧

....
....
....
....
....
....

5 Mars

Merci, poète! Au seuil de mes lares pieux,
Comme un hôte divin, tu viens et te dévoiles;
Et l'auréole d'or de tes vers radieux
Brille autour de mon nom comme un cercle d'étoiles.

Chante! Milton chantait; chante! Homère a chanté.
Le poète des sens perce la triste brume;
L'aveugle voit dans l'ombre un monde de clarté.
Quand l'œil du corps s'éteint, l'œil de l'esprit s'allume.

6 Mars

L'enfant, voyant l'aïeule à filer occupée,
Veut faire une quenouille à sa grande poupée.
L'aïeule s'assoupit un peu : c'est le moment.
L'enfant vient par derrière, et tire doucement
Un brin de la quenouille où le fuseau tournoie,
Puis s'enfuit triomphante, emportant avec joie
La belle laine d'or que le safran jaunit,
Autant qu'en pourrait prendre un oiseau pour son nid.

5 Mars

6 Mars

7 Mars

Venez, enfants, venez en foule !
Venez autour de moi ; riez, chantez, courez !
Votre œil me jettera quelques rayons dorés,
　　Votre voix charmera mes heures.
C'est la seule en ce monde, où rien ne nous sourit,
Qui vienne du dehors sans troubler dans l'esprit
　　Le chœur des voix intérieures !

8 Mars

Venez, enfants ! — A vous jardins, cours, escaliers !
Ébranlez et planchers, et plafonds, et piliers !
　　Que le jour s'achève ou renaisse,
Courez et bourdonnez comme l'abeille aux champs !
Ma joie et mon bonheur, et mon âme et mes chants
　　Iront où vous irez, jeunesse !

7 Mars

8 Mars

9 Mars

Quand elle prie, un ange est debout auprès d'elle,
Caressant ses cheveux des plumes de son aile,
Essuyant d'un baiser son œil de pleurs terni,
Venu pour l'écouter sans que l'enfant l'appelle ;
Esprit qui tient à lire où l'innocence épelle,
Et qui, pour remonter, attend qu'elle ait fini.

10 Mars

Sois heureuse, ô ma douce amie...
Salue en paix la vie, et jouis des beaux jours ;
Sur le fleuve du Temps mollement endormie,
    Laisse les flots suivre leurs cours !
    Va, le sort te sourit encore,
Le ciel ne peut vouloir, dissipe tout effroi,
Qu'un jour triste succède à ta joyeuse aurore :
Le ciel doit m'écouter quand pour toi je l'implore !

9 Mars

10 Mars

11 Mars

Entends ces mille voix, d'amour accentuées,
Qui passent dans le vent, qui tombent des nuées,
Qui montent vaguement des seuils silencieux,
Que la rosée apporte avec ses chastes gouttes,
Que le chant des oiseaux te répète, et qui toutes
Te disent à la fois : « Sois pure sous les cieux ! »

12 Mars

L'apparence de tout nous trompe et nous fascine.
  Est-il jour ? Est-il nuit ?
Rien d'absolu. Tout fruit contient une racine ;
  Toute racine, un fruit.
Le même objet qui rend votre visage sombre
  Fait ma sérénité ;
Toute chose ici-bas par une face est ombre
  Et par l'autre clarté.

11 Mars

12 Mars

13 Mars

Puisque nos heures sont remplies
De trouble et de calamités;
Puisque les choses que tu lies
Se détachent de tous côtés,

Mets ton esprit hors de ce monde!
Mets ton rêve ailleurs qu'ici-bas!
Ta perle n'est pas dans notre onde!
Ton sentier n'est point sous nos pas.

14 Mars

L'ombre et l'abime ont un mystère
Que nul mortel ne pénétra :
C'est Dieu qui leur dit de se taire
Jusqu'au jour où tout parlera!

Toi, demande au monde nocturne
De la paix pour ton cœur désert!
Demande une goutte à cette urne!
Demande un chant à ce concert!

13 Mars

14 Mars

17 Mars

Amis, ne creusez pas vos chères rêveries;
Ne fouillez pas le sol de vos plaines fleuries;
Et, quand s'offre à vos yeux un océan qui dort,
Nagez à la surface ou jouez sur le bord;
Car la pensée est sombre! Une pente insensible
Va du monde réel à la sphère invisible;
La spirale est profonde, et, quand on y descend,
Sans cesse se prolonge et va s'élargissant,
Et, pour avoir touché quelque énigme fatale,
De ce voyage obscur souvent on revient pâle!

18 Mars

Voyageur! voyageur! quelle est notre folie!
Qui sait combien de morts à chaque heure on oublie,
    Des plus chers, des plus beaux?
Qui peut savoir combien toute douleur s'émousse,
Et combien sur la terre un jour d'herbe qui pousse
    Efface de tombeaux?

17 Mars

18 Mars

19 Mars

Porte ailleurs ton regard sur Dieu seul arrêté !
Rien ici-bas qui n'ait en soi sa vanité :
      La gloire fuit à tire-d'aile ;
Couronnes, mitres d'or brillent, mais durent peu :
Elles ne valent pas le brin d'herbe que Dieu
      Fait pour le nid de l'hirondelle !

20 Mars

Vois, cette branche est rude, elle est noire, et la nue
Verse la pluie à flots sur son écorce nue ;
Mais attends que l'hiver s'en aille, et tu vas voir
Une feuille percer ces nœuds si durs pour elle,
Et tu demanderas comment un bourgeon frêle
Peut, si tendre et si vert, jaillir de ce bois noir.

19 Mars

20 Mars

21 Mars

Ne me console point et ne t'afflige pas.
   Je suis calme et paisible.
Je ne regarde point le monde d'ici-bas,
   Mais le monde invisible.

Les hommes sont meilleurs, ami, que tu ne crois.
   Mais le sort est sévère.
C'est lui qui teint de vin ou de lie, à son choix,
   Le pur cristal du verre.

22 Mars

Le sort est dur, nous le voyons,
Enfant ! souvent l'œil plein de charmes,
Qui jette le plus de rayons
Répand aussi le plus de larmes.

Vous que rien ne vient éprouver,
Vous avez tout : joie et délire,
L'innocence qui fait rêver,
L'ignorance qui fait sourire.

21 Mars

22 Mars

23 Mars

Toute pensée est une force,
Dieu fit la sève pour l'écorce,
Pour l'oiseau les rameaux fleuris,
Le ruisseau pour l'herbe des plaines,
Pour les bouches les coupes pleines,
Et le penseur pour les esprits!

24 Mars

Comme une aumône, enfant, donne donc ta prière
A ton père, à ta mère, aux pères de ton père;
Donne au riche à qui Dieu refuse le bonheur,
Donne au pauvre, à la veuve, au juste, au vice im-
[monde.
Fais en priant le tour des misères du monde;
Donne à tous! Donne aux morts! — Enfin donne au
[Seigneur!

✦✦✦✦✦✦✦✦✦✦✦ **23 Mars** ✦✦✦✦✦✦✦✦✦✦✦

....
....
....
....
....
....
....

✦✦✦✦✦✦✦✦✦✦✦ **24 Mars** ✦✦✦✦✦✦✦✦✦✦✦

....
....
....
....
....
....
....

25 Mars

Passant, comme toi j'ai passé.
Le fleuve est revenu se perdre dans sa source;
Fais silence : assieds-toi sur ce marbre brisé.
Pose un instant le poids qui fatigue ta course :
J'eus de même un fardeau qu'ici j'ai déposé.
. . . .
Tu passes. — En effet, qu'importe cette pierre ?
Que peut cacher la tombe à ton œil attristé ?
Quelques os desséchés, un reste de poussière,
  Rien peut-être, — et l'éternité !

26 Mars

Chantez ! chantez ! jeune inspirée !
La femme qui chante est sacrée
Même aux jaloux, même aux pervers !
La femme qui chante est bénie !
Sa beauté défend son génie.
Les beaux yeux sauvent les beaux vers.

25 Mars

26 Mars

27 Mars

C'est Dieu qui remplit tout. Le monde, c'est son
[temple.
Œuvre vivante, où tout l'écoute et le contemple !
Tout lui parle et le chante. Il est seul, il est un.
Dans sa création tout est joie et sourire ;
L'étoile qui regarde et la fleur qui respire,
      Tout est flamme ou parfum !

28 Mars

Non, l'avenir n'est à personne !
Sire, l'avenir est à Dieu !
A chaque fois que l'heure sonne,
Tout ici-bas nous dit adieu.
L'avenir ! l'avenir !... mystère !
Toutes les choses de la terre,
Gloire, fortune militaire,
Couronne éclatante des rois,
Victoire aux ailes embrasées,
Ambitions réalisées,
Ne sont jamais sur nous posées
Que comme l'oiseau sur nos toits !

✧✧✧✧✧✧✧✧✧✧✧✧ **27 Mars** ✧✧✧✧✧✧✧✧✧✧✧✧

✧✧✧✧✧✧✧✧✧✧✧✧ **28 Mars** ✧✧✧✧✧✧✧✧✧✧✧✧

29 Mars

Quand la demoiselle dorée
S'envole au départ des hivers,
Souvent sa robe diaprée,
Souvent son aile est déchirée
Aux mille dards des buissons verts.
Ainsi, jeunesse vive et frêle
Qui, t'égarant de tous côtés,
Voles où ton instinct t'appelle,
Souvent tu déchires ton aile
Aux épines des voluptés.

30 Mars

Vous qui ne savez pas combien l'enfance est belle,
Enfant ! n'enviez point notre âge de douleurs,
Où le cœur tour à tour est esclave et rebelle,
Où le rire est souvent plus triste que vos pleurs.

Votre âge insouciant est si doux, qu'on l'oublie !
Il passe comme un souffle au vaste champ des airs.
Comme une voix joyeuse en fuyant affaiblie,
    Comme un alcyon sur les mers.

29 Mars

30 Mars

31 Mars

Riez pourtant! du sort ignorez la puissance ;
Riez! n'attristez pas votre front gracieux,
Votre œil d'azur, miroir de paix et d'innocence,
Qui révèle votre âme et réfléchit les cieux !

31 Mars

AVRIL

1ᵉʳ Avril

A quoi bon entendre
Les oiseaux des bois ?
L'oiseau le plus tendre
Chante dans ta voix :

Que Dieu montre ou voile
Les astres des cieux !
La plus belle étoile
Brille dans tes yeux.

Qu'avril renouvelle
Le jardin en fleur !
La fleur la plus belle
Fleurit dans ton cœur.

Cet oiseau de flamme,
Cet astre du jour,
Cette fleur de l'âme
S'appelle l'amour !

2 Avril

Reste à la solitude !
Reste à la pauvreté !
Vis sans inquiétude,
Et ne te fais étude
Que de l'éternité !

1ᵉʳ Avril

2 Avril

3 Avril

Il faut que l'eau s'épuise à courir les vallées
Il faut que l'éclair brille et brille peu d'instants,
Il faut qu'Avril jaloux brûle de ses gelées
Le beau pommier, trop fier de ses fleurs étoilées,
    Neige odorante du printemps!

Oui, c'est la vie. Après le jour, la nuit livide.
Après tout, le réveil, infernal ou divin.
Autour du grand banquet siège une foule avide,
Mais bien des conviés laissent leur place vide,
    Et se lèvent avant la fin!

4 Avril

Tout revit, ma bien-aimée!
Le ciel gris perd sa pâleur;
Quand la terre est embaumée,
Le cœur de l'homme est meilleur.
En haut, d'où l'amour ruisselle,
En bas, où meurt la douleur,
La même immense étincelle
Allume l'astre et la fleur.

3 Avril

4 Avril

5 Avril

Mes vers fuiraient, doux et frêles,
Vers votre jardin si beau,
Si mes vers avaient des ailes,
Des ailes comme l'oiseau.
Ils voleraient, étincelles,
Vers votre foyer qui rit,
Si mes vers avaient des ailes,
Des ailes comme l'esprit.
Près de vous purs et fidèles,
Ils accourraient nuit et jour.
Si mes vers avaient des ailes,
Des ailes comme l'amour.

6 Avril

L'oiseau parle au parfum ; la fleur parle au rayon ;
Les pins sur les étangs dressent leur verte ombelle ;
Les nids ont chaud ; l'azur trouve la terre belle,
Onde et sphère, à la fois tous les climats flottants,
Ici l'automne, ici l'été, là le printemps.

5 Avril

6 Avril

7 Avril

— Voici le temps de respirer les roses,
Et d'ouvrir bruyamment les vitres longtemps closes,
Le temps d'admirer en rêvant
Tout ce que la nature a de beautés divines,
Qui flottent sur les monts, les bois et les ravines,
Avec l'onde, l'ombre et le vent.

8 Avril

— Voici le temps de reposer son âme
Dans ce calme sourire empreint de vague flamme
Qui rayonne au front du ciel pur;
De dilater son cœur ainsi qu'un eau qui fume,
Et d'en faire envoler la nuée et la brume
A travers le limpide azur !

7 Avril

8 Avril

9 Avril

Oui, tout va, tout s'accroit. Les heures fugitives
Laissent toutes leur trace. Un grand siècle a surgi,
Et contemplant de loin de lumineuses rives,
L'homme voit son destin comme un fleuve élargi.

10 Avril

Laissez venir les ans! Le destin vous dévoue,
Comme nous, aux regrets, à la fausse amitié,
A ces mots sans espoir que l'orgueil désavoue,
  A ces plaisirs qui font pitié.

9 Avril

10 Avril

11 Avril

Que blé qui monte, enfant qui joue, eau qui mur-
[mure,
Fleur rose où le semeur rêve une pêche mûre,
Que tout semble rire ou prier !
Que le chevreau gourmand, furtif et plein de grâces,
De quelque arbre incliné mordant les feuilles basses,
Fasse accourir le chevrier !

12 Avril

Qu'on songe aux deuils passés en se disant : « Qu'é-
[tait-ce ? »
Que rien sous le soleil ne garde de tristesse !
Qu'un nid chante sur les vieux troncs !
Nous, tandis que de joie au loin tout vibre et tremble,
Allons dans la forêt, et là, marchant ensemble,
Si vous voulez, nous songerons !

11 Avril

12 Avril

13 Avril

Il faut vous réjouir, car voici le printemps,
Avril, saison dorée, où, parmi les zéphires,
Les parfums, les chansons, les baisers, les sourires,
Et les charmants propos qu'on dit à demi-voix,
L'amour revient aux cœurs comme la feuille au bois!

14 Avril

Le firmament est plein de la vaste clarté.
Tout est joie, innocence, espoir, bonheur, bonté.
Tout regorge de sève et de vie et de bruit,
De rameaux verts, d'azur frissonnant, d'eau qui luit,
Et de petits oiseaux qui se cherchent querelle.
Qu'a donc le papillon? qu'a donc la sauterelle?
La sauterelle a l'herbe, et le papillon l'air;
Et tous deux ont avril, qui rit dans le ciel clair.

✦✦✦✦✦✦✦✦✦✦✦✦ **13 Avril** ✦✦✦✦✦✦✦✦✦✦✦✦

✦✦✦✦✦✦✦✦✦✦✦✦ **14 Avril** ✦✦✦✦✦✦✦✦✦✦✦✦

15 Avril

O coteaux ! ô sillons ! souffles, soupirs, haleines
L'hosanna des forêts, des fleuves et des plaines,
S'élève clairement vers Dieu, père du jour ;
Et toutes les blancheurs sont des strophes d'amour ;
Le cygne dit : « Lumière ! » et le lis dit : « Clémence ! »
Le ciel s'ouvre à ce chant comme une oreille immense.

16 Avril

Tout plaisir, fleur à peine éclose,
Dans notre avril sombre et terni,
S'effeuille et meurt, lis, myrte ou rose,
Et l'on se dit : « C'est donc fini ! »

. . . .

Conserve en ton cœur, sans rien craindre,
Dusses-tu pleurer et souffrir,
La flamme qui ne peut s'éteindre
Et la fleur qui ne peut mourir !

15 Avril

16 Avril

17 Avril

Que le sort, quel qu'il soit, vous trouve toujours
[grande.
Que demain soit doux comme hier !
Qu'en vous, ô ma beauté, jamais ne se répande
Le découragement amer.
Ni le fiel, ni l'ennui des cœurs qui se dénouent,
Ni cette cendre, hélas ! que sur un front pâli,
Dans l'ombre à petit bruit secouent
Les froides ailes de l'oubli !

18 Avril

Oh ! ce serait vraiment un mystère sublime,
Que le ciel si profond, si lumineux, si beau,
Qui flamboie à nos yeux, ouvert comme un abîme,
Fut l'intérieur d'un tombeau !
Que tout se révélât à nos paupières closes !
Que, morts, ces grands destins nous fussent ré-
[servés !...
Qu'en est-il de ce rêve et de bien d'autres choses ?
Il est certain, Seigneur, que seul vous le savez.

17 Avril

18 Avril

19 Avril

Jeune fille, la grâce emplit tes dix-sept ans.
Ton regard dit : « Matin, » et ton front dit : « Prin-
[temps. »
. . . .
Sois belle, sois bénie, enfant, dans ta beauté.
La nature s'égaie à toute ta clarté.

20 Avril

O Dieu ! la sève abonde, et dans ses flancs troublés
La terre est pleine d'herbe, et de fruits, et de blés !
Dès que l'arbre a fini, le sillon recommence ;
Et pendant que tout vit, ô Dieu, dans ta clémence,
. . . .
L'homme expire ! — Oh ! la faim ! c'est le crime public,
C'est l'immense assassin qui sort de nos ténèbres.
Dieu ! pourquoi l'orphelin, dans ses langes funèbres,
Dit-il : « J'ai faim ! » L'enfant, n'est-ce pas un oiseau ?
Pourquoi le nid a-t-il ce qui manque au berceau ?

19 Avril

20 Avril

21 Avril

— Si, pour la terre méchante,
Quelqu'un peut prier aujourd'hui,
C'est toi dont la parole chante,
C'est toi : ta prière innocente,
Enfant, peut se charger d'autrui

22 Avril

Il est, loin de nos villes,
Et loin de nos douleurs,
Des lacs purs et tranquilles,
Et dont toutes les îles
Sont des bouquets de fleurs !
Flots d'azur où l'on aime
A laver ses remords !
D'un charme si suprême
Que l'incrédule même
S'agenouille à leurs bords !

21 Avril

22 Avril

23 Avril

Comme il pleut ce soir !
N'est-ce pas, mon hôte ?
Là-bas, à la côte,
Le ciel est bien noir,
La mer est bien haute !
On dirait l'hiver.
Parfois on s'y trompe...
Le vent de la mer
Souffle dans sa trompe.

24 Avril

Bien des fois, à cette heure où le soir et le vent
Font que le voyageur s'achemine en rêvant,
Je me suis dit en moi : « Cette grande nature,
Cette création qui sert la créature,
Sait tout ! Tout serait clair pour qui la comprendrait ! »

23 Avril

24 Avril

25 Avril

..... Pardonne ! aime ! Dieu qu'on révère,
Dieu pour l'homme indulgent ne sera point sévère.
Respecte la fourmi non moins que le lion,
Rêveur ! rien n'est petit dans la création.
De l'être universel l'atome se compose ;
Dieu vit un peu dans tout, et rien n'est peu de chose.

26 Avril

L'ouragan, l'océan, la tempête, l'abime
Et le peuple ont pour loi l'apaisement sublime.
. . . .
Toute nuit mène à l'aube, et le soleil est sûr,
Tout orage finit par ce pardon, l'azur.

25 Avril

26 Avril

27 Avril

Quand la nuit n'est pas étoilée,
Viens te bercer aux flots des mers,
Comme la mort elle est voilée,
Comme la vie ils sont amers.

28 Avril

Heureux qui peut aimer, et qui, dans la nuit noire,
Tout en cherchant la foi, peut rencontrer l'amour :
Il a du moins la lampe en attendant le jour.
Heureux ce cœur : aimer, c'est la moitié de croire.

27 Avril

28 Avril

29 Avril

Mon avril se meurt feuille à feuille ;
Sur chaque branche que je cueille
Croit l'épine de la douleur ;
Toute herbe a pour moi sa couleuvre ;
Et la haine monte à mon œuvre
Comme un bouc au cytise en fleur !

30 Avril

C'est que tout a sa loi, le monde et la fortune,
C'est qu'une claire nuit succède aux nuits sans lune :
C'est que tout ici-bas a ses reflux constants,
C'est qu'il faut l'arbre au vent et la feuille au zé-
[phire ;
C'est qu'après le malheur m'est venu ton sourire ;
C'est que c'était l'hiver et que c'est le printemps !

✧✧✧✧✧✧✧✧✧✧✧✧ **29 Avril** ✧✧✧✧✧✧✧✧✧✧✧✧

✧✧✧✧✧✧✧✧✧✧✧✧ **30 Avril** ✧✧✧✧✧✧✧✧✧✧✧✧

MAI

1er Mai

Tout conjugue le verbe aimer. Voici les roses.
Je ne suis pas en train de parler d'autres choses.
Premier mai ! l'amour gai, triste, brûlant, jaloux,
Fait soupirer les bois, les nids, les fleurs, les loups ;
. . . .
L'atmosphère, embaumée et tendre, semble pleine
Des déclarations qu'au printemps fait la plaine !

2 Mai

Aimons toujours ! aimons encore !
Quand l'amour s'en va, l'esprit fuit.
L'amour, c'est le cri de l'aurore ;
L'amour, c'est l'hymne de la nuit.
Ce que le flot dit aux rivages,
Ce que le vent dit aux vieux monts,
Ce que l'astre dit aux nuages,
C'est le mot ineffable : « Aimons ! »

✦✦✦✦✦✦✦✦✦✦✦ 1ᵉʳ Mai ✦✦✦✦✦✦✦✦✦✦✦

✦✦✦✦✦✦✦✦✦✦✦ 2 Mai ✦✦✦✦✦✦✦✦✦✦✦

3 Mai

Puisque mai tout en fleurs dans les prés nous réclame,
Viens, ne te lasse pas de mêler à ton âme
La campagne, les bois, les ombrages charmants,
. . . .
Que l'ombre et le soleil, et l'onde et la verdure,
Et le rayonnement de toute la nature
Fassent épanouir, comme une double fleur,
La beauté sur ton front et l'amour dans ton cœur

4 Mai

L'aurore s'allume,
L'ombre épaisse fuit ;
Le rêve et la brume
Vont où va la nuit ;
Paupières et roses
S'ouvrent demi-closes ;
Du réveil des choses
On entend le bruit.

3 Mai

4 Mai

5 Mai

Tout chante et murmure,
Tout parle à la fois,
Fumée et verdure,
Les nids et les toits;

Le vent parle aux chênes,
L'eau parle aux fontaines;
Toutes les haleines
Deviennent des voix;

6 Mai

Hier, le vent du soir, dont le souffle caresse,
Nous apportait l'odeur des fleurs qui s'ouvrent tard;
La nuit tombait; l'oiseau dormait dans l'ombre
[épaisse.
Le printemps embaumait moins que votre jeunesse!
. . . .
Voyant la nuit si pure, et vous voyant si belle,
J'ai dit aux astres d'or : « Versez le ciel sur elle! »
Et j'ai dit à vos yeux : « Versez l'amour sur nous! »

5 Mai

6 Mai

7 Mai

Si vous voulez que je m'en aille,
Pourquoi passez-vous par ici !
Lorsque je vous vois, je tressaille :
C'est ma joie et c'est mon souci.
Si vous voulez que je m'en aille,
Pourquoi passez-vous par ici ?

8 Mai

Pourquoi me plaindre, ami ? tout homme à tout mo-
[ment
    Souffre des maux sans nombre.
Moi, sur qui vient la nuit, j'ai gardé seulement
    Dans mon horizon sombre,
Comme un rayon du soir au front d'un mont obscur,
    L'amour, divine flamme,
L'amour qui dore encor ce que j'ai de plus pur
    Et de plus haut dans l'âme !

7 Mai

8 Mai

9 Mai

Gloire à la terre ! Gloire à l'aube où Dieu paraît !
Aux fourmillements d'yeux ouverts dans la forêt,
    Aux fleurs, aux nids que le jour dore !
Gloire aux blanchissements nocturnes des sommets !
Gloire au ciel bleu qui peut, sans s'épuiser jamais,
    Faire des dépenses d'aurore !

10 Mai

. . . .
J'aime le chêne altier moins que le nid de mousse ;
J'aime le vent des prés plus que l'âpre ouragan ;
Mon cœur, quand il se perd sur les vagues béantes,
Préfère l'algue obscure aux falaises géantes,
Et l'heureuse hirondelle au splendide océan.

9 Mai

10 Mai

11 Mai

Toute ambition allumée
Dans notre esprit, brasier subtil,
Tombe en cendre ou vole en fumée,
Et l'on se dit : « Qu'en reste-t-il ? »
. . . .
L'amour seul reste : O noble femme,
Si tu veux, dans ce vil séjour,
Garder ta foi, garder ton âme,
Garder ton Dieu, garde l'amour !

12 Mai

Oh ! vous faites rêver le poète le soir !
Souvent il songe à vous lorsque le ciel est noir,
    Quand minuit déroule ses voiles ;
Car l'âme du poète, âme d'ombre et d'amour,
Est une fleur des nuits qui s'ouvre après le jour
    Et s'épanouit aux étoiles !

11 Mai

12 Mai

13 Mai

Tu fais bien. Vois les cieux luire,
Vois les astres s'y mirer.
Un instinct là-haut t'attire,
Tu regardes Dieu sourire,
Moi je vois l'homme pleurer !

14 Mai

C'est Dieu qui mit l'amour au bout de toute chose,
L'amour en qui tout vit, l'amour sur qui tout pose!
C'est Dieu qui fait la nuit plus belle que le jour,
C'est Dieu qui sur ton corps, ma jeune souveraine,
A versé la beauté comme une coupe pleine,
    Et dans mon cœur l'amour !

13 Mai

14 Mai

15 Mai

Oui, je suis le rêveur, je suis le camarade
Des petites fleurs d'or du mur qui se dégrade,
Et l'interlocuteur des arbres et du vent,
Tout cela me connaît, voyez-vous. J'ai souvent
En mai, quand de parfums les branches sont gonflées,
Des conversations avec les giroflées ;
Je reçois des conseils du lierre et du bluet ;
L'être mystérieux que vous croyez muet
Sur moi se penche et vient avec ma plume écrire.

16 Mai

Une brume couvrait l'horizon ; maintenant,
Voici le clair midi qui surgit rayonnant,
Le brouillard se dissout en perles sur les branches,
Et brille diamant, au collier des pervenches.

15 Mai

16 Mai

17 Mai

S'il est un charmant gazon
   Que le ciel arrose,
Où brille en toute saison
   Quelque fleur éclose,
Où l'on cueille à pleine main
Lis, chèvrefeuille et jasmin,
J'en veux faire le chemin
   Où ton pied se pose !

18 Mai

L'oiseau court, les taureaux mugissent ;
Les feuillages sont enchantés :
Les cercles du vent s'élargissent
   Dans l'ascension des clartés.

L'air frémit ; l'onde est plus sonore ;
Toute âme entr'ouvre son secret ;
L'univers croit, quand vient l'aurore,
   Que sa conscience apparaît.

✧✧✧✧✧✧✧✧✧✧✧✧ **17 Mai** ✧✧✧✧✧✧✧✧✧✧✧✧

✧✧✧✧✧✧✧✧✧✧✧✧ **18 Mai** ✧✧✧✧✧✧✧✧✧✧✧✧

19 Mai

J'aime l'aube ardente et rougie,
Le midi, les cieux éblouis,
La flamme, et j'ai la nostalgie
Du soleil, mon ancien pays.

Le matin, toute la nature
Vocalise, fredonne, rit.
Je songe. L'aurore est si pure,
Et les oiseaux ont tant d'esprit !

20 Mai

Tout chante, geai, pinson, linotte,
Bouvreuil, alouette au zénith,
Et la source ajoute sa note,
Et le vent parle, et Dieu bénit.

J'aime toute cette musique,
Ces refrains, jamais importuns,
Et le bon vieux plain-chant classique
Des chênes aux capuchons bruns.

✧✧✧✧✧✧✧✧✧✧✧✧ **19 Mai** ✧✧✧✧✧✧✧✧✧✧✧✧

✧✧✧✧✧✧✧✧✧✧✧✧ **20 Mai** ✧✧✧✧✧✧✧✧✧✧✧✧

21 Mai

Sois humble : que t'importe
Le riche et le puissant !
Un souffle les emporte.
La force la plus forte.
C'est un cœur innocent !

22 Mai

Puisqu'il plut au Seigneur de te briser, poète ;
Puisqu'il plut au Seigneur de comprimer ta tête
    De son doigt souverain,
D'en faire une urne sainte à contenir l'extase,
D'y mettre le génie, et de sceller ce vase
    Avec un sceau d'airain :

. . . .

Oh ! ne regrette rien sur la haute colline
    Où tu t'es endormi !

21 Mai

22 Mai

23 Mai

Chacun, qu'il doute ou qu'il nie,
Lutte en frayant son chemin;
Et l'éternelle harmonie
Pèse comme une ironie
Sur tout ce tumulte humain!

24 Mai

Mon vers! s'il faut te le redire,
On veut te griser dans les bois.
Les faunes ont caché ta lyre
Et mis à sa place un hautbois.

Va donc. La fête est commencée;
L'oiseau mange en herbe le blé;
L'abeille est ivre de rosée;
Mai rit, dans les fleurs attablé.

23 Mai

24 Mai

25 Mai

Tous les faux biens qu'on envie
Passent comme un soir de mai.
Vers l'ombre, hélas ! tout dévie.
Que reste-t-il de la vie,
Excepté d'avoir aimé ?

26 Mai

Il est bien certain que les sources,
Les arbres pleins de doux ébats,
Les champs sont les seules ressources
Que l'âme humaine ait ici-bas.

O solitude, tu m'accueilles
Et tu m'instruis sous le ciel bleu.
Un petit oiseau sous les feuilles,
Chantant, suffit à prouver Dieu.

✧✧✧✧✧✧✧✧✧✧✧✧ 25 Mai ✧✧✧✧✧✧✧✧✧✧✧✧

....
....
....
....
....
....

✧✧✧✧✧✧✧✧✧✧✧✧ 26 Mai ✧✧✧✧✧✧✧✧✧✧✧✧

....
....
....
....
....
....

27 Mai

L'autre jour, il venait de pleuvoir, car l'été,
Cette année, est de brise et de pluie attristé,
Et le beau mois de mai, dont le rayon nous leurre,
Prend le masque d'avril, qui sourit et qui pleure.
. . . .
Le soleil se jouait sur la pelouse verte,
Dans les gouttes de pluie, et ma fenêtre ouverte
Apportait du jardin à mon esprit heureux
Un bruit d'enfants joueurs et d'oiseaux amoureux.

28 Mai

Tout vit et se pose avec grâce,
Le rayon sur le seuil ouvert,
L'ombre qui fuit sur l'eau qui passe,
Le ciel bleu sur le coteau vert !

La plaine brille, heureuse et pure,
Le bois jase, l'herbe fleurit...
Homme ! ne crains rien ! la nature
Sait le grand secret et sourit.

27 Mai

28 Mai

29 Mai

Souvent, quand mon esprit, riche en métamorphoses,
Flotte et roule endormi sur l'océan des choses,
Dieu, foyer du vrai jour qui ne luit point aux yeux
Mystérieux soleil dont l'âme est embrasée,
Le frappe d'un rayon et, comme une rosée,
    Le ramasse et l'enlève aux cieux.

30 Mai

Aimer! Qu'on les loue ou les blâme,
Toujours les grands cœurs aimeront :
Joins cette jeunesse de l'âme
A la jeunesse de ton front!

29 Mai

30 Mai

31 Mai

Dieu, c'est le seul azur dont le monde ait besoin.
L'abîme en en parlant prend l'atome à témoin,
Dieu seul est grand, c'est là le psaume du brin d'herbe ;
Dieu seul est vrai ! c'est là l'hymne du flot superbe ;
Dieu seul est bon ! c'est là le murmure des vents !

31 Mai

JUIN

1er Juin

Il n'est pas de lac ni d'île,
Qui ne nous prenne au gluau,
Qui n'improvise une idylle,
Ou qui ne chante un duo.
. . . .
Toute la nature sombre
Verse un mystérieux jour;
L'âme qui rêve a plus d'ombre,
Et la fleur a plus d'amour,

2 Juin

L'herbe éclate en pâquerettes;
Les parfums qu'on croit muets,
Content les peines secrètes
Des liserons aux bluets.
Les petites ailes blanches
Sur les eaux et les sillons
S'abattent en avalanches :
Il neige des papillons.

1er Juin

2 Juin

3 Juin

O femme, pensée aimante
    Et cœur souffrant,
Vous trouvez la fleur charmante
    Et l'oiseau grand;

. . . .

Oui, contemplez l'hirondelle,
    Les liserons;
Mais ne vous plaignez pas, belle,
    Car nous mourrons!

4 Juin

Qu'importe que la vie inégale ici-bas
    Pour l'homme et pour la femme,
Se dérobe et soit prête à rompre sous vos pas?
    N'avez-vous pas votre âme?

3 Juin

4 Juin

5 Juin

Tout était d'accord dans les plaines,
Tout était d'accord dans les bois
Avec la douceur des haleines,
Avec le mystère des bois.

Les abeilles dans l'anémone
Mendiaient, essaim diligent ;
Le printemps leur faisait l'aumône
Dans une corbeille d'argent.

6 Juin

O vous, l'âme profonde ! ô vous, la sainte lyre !
Vous souvient-il des temps d'extase et de délire,
      Et des jeux triomphants,
Et du soir qui tombait des collines prochaines ?
Vous souvient-il des jours ? Vous souvient-il des
                      [chênes
      Et des petits enfants ?

5 Juin

6 Juin

7 Juin

A l'heure où le soleil s'élève,
Où l'arbre sent monter la sève,
La vallée est comme un beau rêve,
La brume écarte son rideau.
Partout la nature s'éveille,
La fleur s'ouvre, rose et vermeille,
La brise y suspend une abeille,
La rosée une goutte d'eau !

8 Juin

La joie est pour l'esprit une riche ceinture ;
La joie adoucit tout dans l'immense nature.
Dieu sur les vieilles tours pose le nid charmant
Et la broussaille en fleur qui luit dans l'herbe épaisse.
Car la ruine même, autour de sa tristesse,
A besoin de jeunesse et de rayonnement !

7 Juin

8 Juin

9 Juin

Enivrez-vous du soir! à cette heure où, dans l'ombre,
Le paysage obscur, plein de formes sans nombre,
S'efface, de chemins et de fleuves rayé;
Quand le mont, dont la tête à l'horizon s'élève,
Semble un géant couché qui regarde et qui rêve,

10 Juin

Sur son coude appuyé !
— ... Dans ce charmant paysage
Où l'esprit flotte, où l'œil s'enfuit,
Le buisson, l'oiseau de passage,
L'herbe qui tremble et qui reluit,

. . . .

Ce qu'on voit pleurer ou sourire,
Ce qui chante et ce qui soupire,
Ce qui parle et ce qui respire,
Tout fait un bruit harmonieux !

9 Juin

10 Juin

11 Juin

Vois sur la mer les matelots,
Implorant la terre embaumée,
Lassés de l'écume des flots,
Et demander une fumée!

Se rappelant, quand le flot noir
Bat les flancs plaintifs du navire,
Les hameaux si joyeux le soir,
Les arbres pleins d'éclats de rire!

12 Juin

Cette bruyère est douce;
Ici le ciel est bleu,
L'homme vit, le blé pousse
Dans la bonté de Dieu.

J'habite sous les chênes
Frémissants et calmants;
L'air est tiède et les plaines
Sont des rayonnements.

11 Juin

12 Juin

13 Juin

Le soir, à la campagne, on sort, on se promène,
Le pauvre dans son champ, le riche en son domaine'
Moi, je vais devant moi ; le poëte, en tout lieu,
Se sent chez lui, sentant qu'il est partout chez Dieu.

14 Juin

Viens ! une flûte invisible
Soupire dans les vergers. —
La chanson la plus paisible
Est la chanson des bergers.

Le vent ride sous l'yeuse
Le sombre miroir des eaux. —
La chanson la plus joyeuse
Est la chanson des oiseaux.

13 Juin

14 Juin

15 Juin

L'été vainqueur des tempêtes,
Doreur des cieux essuyés,
Met des rayons sur nos têtes
Et des fraises sous nos pieds.

L'étang frémit sous les aulnes ;
La plaine est un gouffre d'or
Où court, dans les grands blés jaunes,
Le frisson du messidor.

16 Juin

Heureux l'homme occupé de l'éternel destin !
Oui, tel qu'un voyageur qui part de grand matin,
Se réveille, l'esprit rempli de rêverie,
Et, dès l'aube du jour, se met à lire et prie !
. . . .
Tout dort dans la maison ; il est seul, il le croit ;
Et cependant fermant leur bouche de leur doigt,
Derrière lui, tandis que l'extase l'enivre,
Les anges souriants se penchent sur son livre.

15 Juin

16 Juin

17 Juin

L'arbre, libre volière,
Est plein d'heureuses voix.
Dans les pousses du lierre,

Le chevreau fait son choix.
Et jouant sous les treilles,
Un petit villageois
A pour pendants d'oreilles
Deux cerises des bois.

18 Juin

Moi, je rêve! écoutant le cyprès soupirer
    Autour des croix d'ébène,
Et murmurer le fleuve et la cloche pleurer
    Dans un coin de la plaine ;

Recueillant le cri sourd de l'oiseau qui s'enfuit,
    Du char traînant la gerbe,
Et la plainte qui sort des oiseaux, et le bruit
    Que fait la touffe d'herbe.

17 Juin

18 Juin

19 Juin

Oh! tourne le dos, ma pensée!
Viens; les bois sont d'aube empourprés;
Sois de la fête; la rosée
T'a promise à la fleur des prés.

Quitte Paris pour la feuillée.
Une haleine heureuse est dans l'air;
La vaste joie est réveillée;
Quelqu'un rit dans le grand ciel clair.

20 Juin

C'est beau de voir un astre s'allumer.
Le monde est plein de merveilleuses choses.
Douce est l'aurore, et douces sont les roses.
Rien n'est si doux que le charme d'aimer!
La clarté vraie et la meilleure flamme,
C'est le rayon qui va de l'âme à l'âme!

19 Juin

20 Juin

21 Juin

Quand l'été vient, le pauvre adore :
L'été, c'est la saison de feu,
C'est l'air tiède et la fraîche aurore ;
L'été, c'est le regard de Dieu.

L'été, la nuit bleue et profonde
S'accouple au jour limpide et clair ;
Le soir est d'or, la plaine est blonde ;
On entend des chansons dans l'air.

22 Juin

L'été, la nature éveillée
Partout se répand en tous sens,
Sur l'arbre en épaisse feuillée,
Sur l'homme en bienfaits caressants.

Tout ombrage alors semble dire :
« Voyageur, viens te reposer ! »
Elle met dans l'aube un sourire,
Elle met dans l'onde un baiser.

21 Juin

22 Juin

23 Juin

Les bois sont sacrés ; sur leurs cimes
Resplendit le joyeux été ;
Et les forêts sont des abîmes
D'allégresse et de liberté.

Toujours les cœurs les plus moroses
Et les cerveaux les plus boudeurs
Ont vu le bon côté des choses
S'éclairer dans les profondeurs.

24 Juin

Tout me fait songer : l'air, les prés, les monts, les bois.
J'en ai pour tout un jour des soupirs d'un hautbois,
D'un bruit de feuilles remuées ;
Quand vient le crépuscule, au fond d'un vallon noir,
J'aime un grand lac d'argent, profond et clair miroir,
Où se regardent les nuées.

✧✧✧✧✧✧✧✧✧✧✧✧ **23 Juin** ✧✧✧✧✧✧✧✧✧✧✧✧

....
....
....
....
....
....

✧✧✧✧✧✧✧✧✧✧✧✧ **24 Juin** ✧✧✧✧✧✧✧✧✧✧✧✧

....
....
....
....
....
....

25 Juin

L'été, lorsque le jour a fui, de fleurs couverte,
La plaine verse au loin un parfum enivrant.
Les yeux fermés, l'oreille aux rumeurs entr'ouverte,
On ne dort qu'à demi d'un sommeil transparent.

Les astres sont plus purs, l'ombre paraît meilleure
Un vague demi-jour teint le dôme éternel ;
Et l'aube douce et pâle, en attendant son heure,
Semble toute la nuit errer au bas du ciel.

26 Juin

Le matin, je sommeille
Confusément encor,
L'aube arrive vermeille
Dans une gloire d'or.

— Ami, dit la ramée,
Il fait jour maintenant. —
Une mouche enfermée
M'éveille en bourdonnant.

25 Juin

26 Juin

27 Juin

J'ai souvent pensé, dans mes veilles,
Que la nature au front sacré
Dédiait tout bas ses merveilles
A ceux qui, l'hiver, ont pleuré!

Pour tous et pour le méchant même,
Elle est bonne, Dieu le permet,
Dieu le veut, mais surtout elle aime
Le pauvre que Jésus aimait!

28 Juin

Toujours sereine et pacifique,
La nature offre à l'indigent
Des dons de reine magnifique,
Des soins d'esclave intelligent!

A-t-il faim ? au fruit de la branche,
Elle dit : « Tombe, ô fruit vermeil! »
A-t-il soif : « Que l'onde s'épanche! »
A-t-il froid : « Lève-toi, soleil! »

27 Juin

28 Juin

29 Juin

Hier, la nuit d'été, qui nous prêtait ses voiles,
Était digne de toi, tant elle avait d'étoiles !
Tant son calme était frais, tant son souffle était doux !
Tant elle éteignait bien ses rumeurs apaisées !
Tant elle répandait d'amoureuses rosées
   Sur les fleurs et sur nous !

30 Juin

L'été, l'âme du pauvre est pleine.
Humble, il bénit ce Dieu lointain
Dont il sent la céleste haleine
Dans tous les souffles du matin !

L'air le réchauffe et le pénètre ;
Il fête le printemps vainqueur,
Un oiseau chante à sa fenêtre,
La gaité chante dans son cœur !

29 Juin

30 Juin

JUILLET

1ᵉʳ Juillet

Ma fille, va prier! — Vois, la nuit est venue,
Une planète d'or là-bas perce la nue;
La brume des coteaux fait trembler le contour;
A peine un char lointain glisse dans l'ombre... Écoute!
Tout rentre et se repose, et l'arbre de la route
Secoue au vent du soir la poussière du jour!

2 Juillet

Qu'on pense ou qu'on aime,
    Sans cesse agité,
Vers un but suprême
    Tout vole emporté;
L'esquif cherche un môle,
L'abeille un vieux saule,
La boussole un pôle,
    Moi, la vérité!

1er Juillet

....
....
....
....
....
....

2 Juillet

....
....
....
....
....
....

3 Juillet

— Oh! qu'en dormant rien ne t'oppresse!
Dieu sera là pour ton réveil! —
La lune vient qui te caresse
Plus doucement que le soleil.

Car elle a plus de molles trêves
Pour nos travaux et nos douleurs;
Elle fait éclore les rêves
Lui ne fait naître que les fleurs.

4 Juillet

S'il est un rêve d'amour
    Parfumé de rose,
Où l'on trouve chaque jour
    Quelque douce chose,
Un rêve que Dieu bénit,
Où l'âme à l'âme s'unit.
Oh! j'en veux faire le nid
    Où ton cœur se pose!

3 Juillet

4 Juillet

5 Juillet

L'âme a des étapes profondes.
On se laisse d'abord charmer,
Puis convaincre. Ce sont deux mondes.
Comprendre est au delà d'aimer.

Aimer, comprendre, c'est le faîte :
Le cœur, cet oiseau du vallon,
Sur le premier degré s'arrête,
L'esprit vole à l'autre échelon.

6 Juillet

Le jour s'enfuit des cieux, sous leur transparent voile
De moments en moments se hasarde une étoile ;
La nuit, pas à pas, monte au trône obscur des soirs ;
Un coin du ciel est brun, l'autre lutte avec l'ombre,
Et déjà, succédant au couchant rouge et sombre,
Le crépuscule gris meurt sur les coteaux noirs.

5 Juillet

6 Juillet

7 Juillet

Quand je rêve sous la falaise,
Ou dans les bois, les soirs d'été,
Sachant que la vie est mauvaise,
Je contemple l'éternité.

A travers mon sort mêlé d'ombres,
J'aperçois Dieu distinctement,
Comme à travers les branches sombres
On entrevoit le firmament !

8 Juillet

Je vais volontiers seul. Je médite ou j'écoute.
Pourtant si quelqu'un veut m'accompagner en route,
J'accepte. Chacun a quelque chose en l'esprit,
Et tout homme est un livre où Dieu lui-même écrit.
Chaque fois qu'en mes mains un de ces livres tombe,
Volume où vit une âme et que scelle la tombe,
J'y lis.

7 Juillet

8 Juillet

9 Juillet

Roses et papillons, la tombe nous rassemble
        Tôt ou tard.
Pourquoi l'attendre, dis ? Veux-tu pas vivre ensemble
        Quelque part ?
Quelque part dans les airs, si c'est là que se berce
        Ton essor !
Aux champs si c'est aux champs que ton calice verse
        Son trésor !

10 Juillet

Où tu voudras ! qu'importe ! oui, que tu sois haleine
        Ou couleur,
Papillon rayonnant, corolle à demi pleine,
        Aile ou fleur !
Vivre ensemble, d'abord ! c'est le bien nécessaire
        Et réel ;
Après on peut choisir au hasard ou la terre
        Ou le ciel !

9 Juillet

10 Juillet

11 Juillet

Allez dans les forêts, allez dans les vallées,
Faites-vous un concert des notes isolées !
Cherchez dans la nature étalée à vos yeux.
Soit que l'hiver l'attriste ou que l'été l'égaye,
Le mot mystérieux que chaque voix bégaye,
Écoutez ce que dit la foudre dans les cieux !

12 Juillet

Le vallon où je vais tous es jours est charmant,
Serein, abandonné, seul sous le firmament,
Plein de ronces en fleur ; c'est un sourire triste.
Il vous fait oublier que quelque chose existe.
Et, sans le bruit des champs remplis de travailleurs,
On ne saurait plus là si quelqu'un vit ailleurs.

11 Juillet

12 Juillet

13 Juillet

Un souffle épure notre fange,
Le monde est à Dieu, je le sens ;
Toute fleur est une louange,
Et tout parfum est un encens.

La nuit on croit sentir Dieu même
Penché sur l'homme palpitant.
La terre prie et le ciel aime.
Quelqu'un parle et quelqu'un entend.

14 Juillet

Va dans les bois, va sur les plages ;
Compose tes chants inspirés
Avec la chanson des feuillages
Et l'hymne des flots azurés !
Dieu t'attend dans les solitudes ;
Dieu n'est pas dans les multitudes :
L'homme est petit, ingrat et vain.
Dans les champs tout vibre et soupire.
La nature est la grande lyre,
Le poète est l'archet divin !

13 Juillet

14 Juillet

15 Juillet

Pendant que le marin, qui calcule et qui doute,
Demande son chemin aux constellations ;
Pendant que le berger, l'œil plein de visions,
Cherche au milieu des bois son étoile et sa route.
. . . .
Moi, je cherche autre chose en ce ciel vaste et pur,
Mais que ce saphir sombre est un abîme obscur !
On ne peut distinguer, la nuit, les robes bleues
Des anges frissonnants qui glissent dans l'azur.

16 Juillet

Parfois, lorsque tout dort, je m'assieds plein de joie
Sous le dôme étoilé qui sur nos fronts flamboie ;
J'écoute si d'en haut il tombe quelque bruit.
Et l'heure vainement me frappe de son aile
Quand je contemple, ému, cette fête éternelle
Que le ciel rayonnant donne au monde la nuit !

15 Juillet

16 Juillet

17 Juillet

Dans le jardin des morts où nous dormirons tous
L'aube jette un regard plus calme et plus céleste,
Le lis semble plus pur, l'oiseau semble plus doux.
Moi, c'est là que je vis ! Cueillant les roses blanches,
Consolant les tombeaux délaissés trop longtemps,
Je passe et je reviens, je dérange les branches,
Je fais du bruit dans l'herbe, et les morts sont contents.

18 Juillet

Le monde est sombre, ô Dieu ! l'immuable harmonie
Se compose des pleurs aussi bien que des chants;
L'homme n'est qu'un atome en cette ombre infinie,
Nuit où montent les bons, où tombent les méchants.

17 Juillet

18 Juillet

19 Juillet

Oh ! oui, bénissons Dieu dans notre foi profonde !
C'est lui qui fit ton âme et qui créa le monde !
Lui qui charme mon cœur ! lui qui ravit mes yeux !
C'est lui que je retrouve au fond de tout mystère !
C'est lui qui fait briller ton regard sur la terre
      Comme l'étoile aux cieux !

20 Juillet

Quand le sentier qui monte aux cimes est rapide,
Bien souvent fatigués du soleil, nous aimons
Boire au petit ruisseau tamisé par les monts !

19 Juillet

20 Juillet

21 Juillet

Oh ! regardez le ciel ! cent nuages mouvants,
Amoncelés là-haut sous le souffle des vents,
      Groupent leurs formes inconnues ;
Sous leurs flots par moments flamboie un pâle éclair,
Comme si tout à coup quelque géant de l'air
      Tirait son glaive dans les nues.

22 Juillet

La terre cache l'or et montre les moissons ;
Elle met dans le flanc des fuyantes saisons
      Le germe des saisons prochaines ;
Dans l'azur, les oiseaux qui chuchotent : Aimons !
Et les sources au fond de l'ombre, et sur les monts
      L'immense tremblement des chênes.

21 Juillet

22 Juillet

23 Juillet

Mets de l'amour sur cette terre
Dans les vains brins d'herbe flottants,
Cette herbe devient, ô mystère !
Le nid sombre au fond du printemps.

Ajoute, en écartant son voile,
De la lumière au nid béni,
Et le nid deviendra l'étoile
Dans la forêt de l'infini.

24 Juillet

Enfant ! rêve encore !
Dors, ô mes amours !
Ta jeune âme ignore
Où s'en vont tes jours.
Comme une algue morte,
Tu vas, que t'importe !
Le courant t'emporte,
Mais tu dors toujours !

23 Juillet

24 Juillet

25 Juillet

Oh! contemplez le ciel! et dès qu'a fui le jour,
En tout temps, en tout lieu, d'un ineffable amour,
　　Regardez à travers ses voiles;
Un mystère est au fond de leur grave beauté;
L'hiver, quand ils sont noirs comme un linceul; l'été
　　Quand la nuit les brode d'étoiles.

26 Juillet

J'aime les soirs sereins et beaux, j'aime les soirs,
Soit qu'ils dorent le front des antiques manoirs
　　Ensevelis dans les feuillages,
Soit que la brume au loin s'allonge en bancs de feu,
Soit que mille rayons se brisent dans un ciel bleu
　　A des archipels de nuages.

25 Juillet

26 Juillet

27 Juillet

Oh! qui que vous soyez, bénissez-la. C'est elle!
La sœur visible aux yeux de mon âme immortelle!
. . . .
Qui de mes propres torts me console et m'absout;
A qui j'ai dit : « Toujours! » et qui m'a dit : « Par-
[tout! »

28 Juillet

Elle! tout dans un mot! c'est, dans ma froide brume,
Une fleur de beauté que la bonté parfume;
D'une double nature hymen mystérieux!
La fleur de la nature et le parfum des cieux!

27 Juillet

28 Juillet

29 Juillet

Comme au creux du rocher vole l'humble colombe,
Cherchant la goutte d'eau qui tombe avant le jour,
Mon esprit, altéré dans l'ombre de la tombe,
Va boire un peu de foi, d'espérance et d'amour !

30 Juillet

. . . . Peu d'oiseaux
Traversent l'Océan sans reposer leur aile.
Il n'est pas de croyant si pur et si fidèle
Qui ne tremble et n'hésite à de certains moments.
Quelle âme est sans faiblesse et sans accablements ?
Enfants, résignons-nous, et suivons notre route.
Tout corps traîne son ombre, et tout esprit son doute.

29 Juillet

30 Juillet

31 Juillet

Au-dessus de la haine immense, quelqu'un aime ;
Ayons foi. Ce n'est pas sans quelque but suprême
Que sans cesse, en ce gouffre où rêvent les sondeurs,
Un prodigieux vent, soufflant des profondeurs,
A travers l'âpre nuit pousse, emporte et ramène
Sur tout l'écueil divin toute la mer humaine.

31 Juillet

AOÛT

1ᵉʳ Août

. . . . Baigné d'ombre sereine,
Le soir tombait ; des feux scintillaient dans la plaine ;
Les vastes flots berçaient le nid de l'alcyon ;
J'écoutais vers le ciel, où toute aube commence,
Monter confusément une louange immense
Des deux extrémités de la création.

2 Août

Ce que Dieu fit petit chantait dans son délire
Tout ce que Dieu fait grand, et je voyais sourire
Le colosse à l'atome et l'étoile au flambeau ;
La nature semblait n'avoir qu'une âme aimante.
La montagne disait : « Que la fleur est charmante ! »
Le moucheron disait : « Que l'océan est beau ! »

✦✦✦✦✦✦✦✦✦✦✦✦✦ 1ᵉʳ Août ✦✦✦✦✦✦✦✦✦✦✦✦✦

....

....

....

....

....

....

✦✦✦✦✦✦✦✦✦✦✦✦ 2 Août ✦✦✦✦✦✦✦✦✦✦✦✦

....

....

....

....

....

....

3 Août

Porte ailleurs ton regard sur Dieu seul arrêté !
Rien ici-bas qui n'ait en soi sa vanité :
      La gloire fuit à tire-d'aile ;
Couronnes, mitres d'or brillent, mais durent peu ;
Elles ne valent pas le brin d'herbe que Dieu
      Fait pour le nid de l'hirondelle !

4 Août

Je viens à vous, Seigneur ! confessant que vous êtes
Bon, clément, indulgent et doux, ô Dieu vivant !
Je conviens que vous seul savez ce que vous faites,
Et que l'homme n'est rien qu'un jonc qui tremble au
      [vent !

3 Août

4 Août

5 Août

J'entends le vent dans l'air, la mer sur le récif,
L'homme liant la gerbe mûre ;
J'écoute et je confronte en mon esprit pensif
Ce qui parle à ce qui murmure !

6 Août

O souvenir ! trésor dans l'ombre accrû !
Sombre horizon des anciennes pensées !
Chère lueur des choses éclipsées !
Rayonnement du passé disparu !
Comme du seuil et du dehors d'un temple,
L'œil de l'esprit en rêvant vous contemple !

✧✧✧✧✧✧✧✧✧✧✧✧✧ 5 Août ✧✧✧✧✧✧✧✧✧✧✧✧✧

✧✧✧✧✧✧✧✧✧✧✧✧ 6 Août ✧✧✧✧✧✧✧✧✧✧✧✧

7 Août

La terre a pour amis les moissonneurs ; le soir
Elle voudrait chasser du vaste horizon noir
      L'âpre essaim des corbeaux voraces,
A l'heure où le bœuf las dit : Rentrons maintenant,
Quand les bruns laboureurs s'en reviennent, traînant
      Les socs pareils à des cuirasses.

8 Août

    Puisque ici-bas toute âme
      Donne à quelqu'un
    Sa musique, sa flamme
      Ou son parfum,

. . . .

    Je te donne à cette heure,
      Penché sur toi,
    La chose la meilleure
      Que j'aie en moi.

✧✧✧✧✧✧✧✧✧✧✧✧✧ **7 Août** ✧✧✧✧✧✧✧✧✧✧✧✧✧

....
....
....
....
....
....

✧✧✧✧✧✧✧✧✧✧✧ **8 Août** ✧✧✧✧✧✧✧✧✧✧✧✧

....
....
....
....
....
....

9 Août

Avez-vous quelquefois, calme et silencieux,
Monté sur la montagne en présence des cieux ?
Était-ce au bord du Sund ? aux côtes de Bretagne ?
Aviez-vous l'océan aux pieds de la montagne ?
Et là, penché sur l'onde et sur l'immensité,
Calme et silencieux, avez-vous écouté ?

10 Août

Près du pêcheur qui ruisselle,
Quand tous deux, au jour baissant,
Nous errons dans la nacelle,
Laissant chanter l'homme frêle
Et gémir le flot puissant.
. . . .
Dis, d'où vient qu'à chaque lame,
Comme une coupe de fiel,
La pensée emplit mon âme ?
C'est que moi je vois la rame
Tandis que tu vois le ciel

✦✦✦✦✦✦✦✦✦✦✦✦ 9 Août ✦✦✦✦✦✦✦✦✦✦✦✦

✦✦✦✦✦✦✦✦✦✦✦✦ 10 Août ✦✦✦✦✦✦✦✦✦✦✦✦

11 Août

Chantez! chantez! belle inspirée!
Saluez cette aube dorée
Qui jadis aussi m'enivra.
Tout n'est pas sourire et lumière
Quelque jour de votre paupière
Peut-être une larme éclora!

12 Août

Le chasseur songe dans les bois
A des beautés sur l'herbe assises,
Et dans l'ombre il croit voir parfois
Danser des formes indécises.
. . . .
Le pâtre attend sous le ciel bleu
L'heure où son étoile paisible
Va s'épanouir, fleur de feu,
Au bout d'une tige invisible.

11 Août

12 Août

13 Août

Le jour est pour le mal, la fatigue et la haine.
Prions : voici la nuit ! la nuit grave et sereine !
Le vieux pâtre, le vent aux brèches de la tour,
Les étangs, les troupeaux, avec leur voix cassée,
Tout souffre et tout se plaint. La nature, lassée,
A besoin de sommeil, de prière et d'amour !

14 Août

C'était l'été : vers l'heure où la lune se lève,
Par un de ces beaux soirs qui ressemblent au jour,
Avec moins de clarté, mais avec plus d'amour,
Dans son parc, où jouaient le rayon et la brise,
Elle errait toujours triste et toujours indécise,
Questionnant tout bas l'eau, le ciel, la forêt,
Écoutant au hasard les voix qu'elle entendrait.

13 Août

14 Août

15 Août

Ainsi, Nature, abri de toute créature !
O mère universelle, indulgente Nature !
. . . .
... Tandis qu'affamés, avec des cris vainqueurs,
A des sources sans fin désaltérant nos cœurs,
Pour en faire plus tard notre sang et notre âme,
Nous aspirons à flots ta lumière et ta flamme,
Les feuillages, les monts, les prés verts, le ciel bleu,
Toi, sans te déranger, tu rêves à ton Dieu !

16 Août

Viens, j'ai des fruits d'or, j'ai des roses,
J'en remplirai tes petits bras ;
Je te dirai de douces choses,
Et peut-être tu souriras !

Car je voudrais te voir sourire,
Pauvre enfant si triste et si beau !
Et puis tout bas j'irai le dire
A ta mère dans son tombeau !

15 Août

16 Août

17 Août

Si l'on vous dit que l'art et que la poésie
C'est un flux éternel de banale ambroisie,
Que c'est le bruit, la foule, attachés à vos pas,
Ou d'un salon doré l'oisive fantaisie,
Ou la rime en fuyant par la rime saisie,
　　　Oh! ne le croyez pas!

18 Août

Soyons grands. Le grand cœur à Dieu même est
　　　　　　　　　　　　　　　[pareil.
　　　Laissons, doux ou funestes,
Se croiser sur nos pieds la foudre et le soleil,
　　　Ces deux clartés célestes!

✦✦✦✦✦✦✦✦✦✦✦✦ **17 Août** ✦✦✦✦✦✦✦✦✦✦✦✦

....
....
....
....
....
....
....

✦✦✦✦✦✦✦✦✦✦✦✦ **18 Août** ✦✦✦✦✦✦✦✦✦✦✦✦

....
....
....
....
....
....
....

19 Août

Laisse-toi conseiller par l'aiguille ouvrière,
Présente à ton labeur, présente à ta prière,
Qui dit tout bas : « Travaille ! » Oh ! crois-la !
                              [Dieu, vois-tu
  Fit naître du travail, que l'insensé repousse,
  Deux filles : la Vertu, qui fait la gaieté douce,
  Et la Gaieté, qui rend charmante la vertu !

20 Août

Je ne veux pas d'autres choses
Que ton sourire et ta voix,
De l'air, de l'ombre et des roses,
Et des rayons dans les bois !

Je ne veux, moi qui me voile
Dans la joie ou dans la douleur,
Que ton regard, mon étoile,
Que ton haleine, ô ma fleur !

19 Août

20 Août

21 Août

Aux champs, la nuit est vénérable,
Le jour rit d'un rire enfantin ;
Le soir berce l'orme et l'érable,
Le soir est beau, mais le matin !

Le matin, c'est la grande fête.

La fleur d'or du pré d'azur sombre.
L'astre brille au ciel, clair encor ;
En bas, le bleuet luit dans l'ombre,
Étoile bleue en un champ d'or.

22 Août

Dieu nous donne à chacun notre part du destin,
    Au fort, au faible, au lâche,
Comme un maître soigneux levé dès le matin
    Divise à tous leur tâche !

21 Août

22 Août

23 Août

Il est pour les cœurs sourds aux vulgaires clameurs
D'harmonieuses voix, des accents, des rumeurs
    Qu'on n'entend que dans les retraites ;
Notes d'un grand concert interrompu souvent,
Vents, flots, feuilles des bois, bruits dont l'âme en
                                   [rêvant
    Se fait des musiques secrètes !

24 Août

Nos fautes, mon pauvre ange, ont causé nos souf-
                                        [frances.
Peut-être qu'en restant bien longtemps à genoux,
Quand il aura béni toutes les innocences
Puis tous les repentirs, Dieu finira par nous !

23 Août

24 Août

25 Août

Moi, je préfère, ô fontaines !
Moi, je préfère, ô ruisseaux !
Au Dieu des grands capitaines,
Le Dieu des petits oiseaux !

. . . .

Au Dieu des vastes armées,
Des canons au lourd essieu,
Des flammes et des fumées,
Je préfère le bon Dieu !

26 Août

O sommeil du berceau ! prière de l'enfance !
Voix qui toujours caresse et qui jamais n'offense !
Douce religion, qui s'égaye et qui rit !
Prélude du concert de la nuit solennelle !
Ainsi que l'oiseau met sa tête sous son aile,
L'enfant dans la prière endort son jeune esprit !

25 Août

26 Août

27 Août

Tout a sa région, sa fonction, son but ;
L'écume de la mer n'est pas un vain rebut ;
Le flot sait ce qu'il fait ; le vent sait qui le pousse ;
Comme un temple où toujours veille une clarté douce,
L'étoile obéissante éclaire le ciel bleu ;
Le lis s'épanouit pour la gloire de Dieu ;
Chaque matin, vibrant comme une sainte lyre,
L'oiseau chante ce nom que l'aube nous fait lire !

28 Août

Vérité, beau fleuve
Que rien ne tarit !
Source où tout s'abreuve !
Tige où tout fleurit !
Lampe que Dieu pose
Près de toute cause,
Clarté que la chose
Envoie à l'esprit !

27 Août

28 Août

29 Août

De quoi puis-je avoir envie ?
De quoi puis-je avoir effroi ?
Que ferai-je de la vie,
Si tu n'es plus près de moi ?

. . . .

Que dirai-je au bois morose
Qu'illuminait ta douceur ?
Que répondrai-je à la rose
Disant : « Où donc est ma sœur ? »

30 Août

Prêtant l'oreille aux flots qui ne peuvent dormir,
 A l'air dans la nuée,
J'erre sur les hauts lieux d'où l'on entend gémir
 Toute chose créée.

Là, je vois, comme un vase allumé sur l'autel,
 Le toit lointain qui fume,
Et, le soir, je compare aux purs flambeaux du ciel
 Tout flambeau qui s'allume.

29 Août

30 Août

31 Août

Le soleil s'est couché ce soir dans les nuées :
Demain viendra l'orage, et le soir, et la nuit ;
Puis l'aube et ses clartés de vapeurs obstruées ;
Puis les nuits, puis les jours, pas du temps qui s'en-
[fuit !

Tous ces jours passeront ; ils passeront en foule
Sur la face des mers, sur la face des monts,
Sur les fleuves d'argent, sur les forêts où roule
Comme un hymne confus des morts que nous aimons

31 Août

SEPTEMBRE

1ᵉʳ Septembre

Tout est lumière, tout est joie
L'araignée au pied diligent
Attache aux tulipes de soie
Ses rondes dentelles d'argent.

La frissonnante libellule
Mire les globes de ses yeux
Dans l'étang splendide où pullule
Tout un monde mystérieux !

2 Septembre

Oh ! la création est une apothéose.
Le mont, l'arbre, l'oiseau, le lion et la rose
      Disent dans l'ombre : « Sois béni ! »
L'immense azur écoute, et leurs hymnes l'enchantent.
Et l'océan farouche et l'âpre ouragan chantent
      Chacun leur strophe à l'infini.

1ᵉʳ Septembre

2 Septembre

3 Septembre

La pauvre fleur disait au papillon céleste :
    Ne fuis pas !
Vois comme nos destins sont différents. Je reste,
    Tu t'en vas !
Pourtant nous nous aimons, nous vivons sans les
             [hommes
    Et loin d'eux !
Et nous nous ressemblons, et l'on dit que nous
             [sommes
    Fleurs tous deux !

4 Septembre

L'été, si l'orphelin s'éveille,
Sans toit, sans mère et priant Dieu,
Une voix lui dit à l'oreille :
« Eh bien ! viens sous mon dôme bleu ! »

Le Louvre est égal aux chaumières
Sous ma coupole de saphirs.
Viens sous mon ciel plein de lumières,
Viens sous mon ciel plein de zéphirs !

3 Septembre

4 Septembre

5 Septembre

Toi, demande au monde nocturne
De la paix pour ton cœur désert;
Demande une goutte à cette urne,
Demande un chant à ce concert!

Plane au-dessus des autres femmes,
Et laisse errer tes yeux si beaux
Entre le ciel où sont les âmes
Et la terre où sont les tombeaux!

6 Septembre

Il n'est rien sous le ciel qui n'ait sa loi secrète,
Son lieu cher et choisi, son abri, sa retraite,
Où mille instincts profonds nous fixent nuit et jour;
Le pêcheur a la barque où l'espoir l'accompagne,
Les cygnes ont le lac, les aigles la montagne,
      Les âmes ont l'amour!

5 Septembre

6 Septembre

7 Septembre

O poètes! le fer et la vapeur ardente
Effacent de la terre, à l'heure où vous rêvez,
L'antique pesanteur, à tout objet pendante,
Qui sous les lourds essieux broyait les durs pavés.

L'homme se fait servir par l'aveugle matière.
Il pense, il cherche, il crée! A son souffle vivant,
Les germes dispersés dans la nature entière
Tremblent comme frissonne une forêt au vent!

8 Septembre

J'ai connu ton père et ta mère
Dans leurs bons et leurs mauvais jours;
Pour eux la vie était amère,
Mais moi je fus douce toujours.

C'est moi qui sur leur sépulture
Ai mis l'herbe qui la défend.:
Viens, je suis la grande Nature;
Je suis l'aïeule, et toi l'enfant.

✧✧✧✧✧✧✧✧✧✧✧ 7 Septembre ✧✧✧✧✧✧✧✧✧✧✧

✧✧✧✧✧✧✧✧✧✧✧ 8 Septembre ✧✧✧✧✧✧✧✧✧✧✧

9 Septembre

Dieu ! Dieu ! Dieu ! Le rocher où la lame déferle
Compte sur lui ; c'est lui qui règne ; il fait la perle
    Et l'étoile pour les sondeurs ;
L'azur le voile ; il met, pour que le tigre y dorme,
De la mousse dans l'antre ; il parle, voix énorme,
    A l'ombre dans les profondeurs,
Il règne, il songe ; il fond les granits dans les soufres ;
Il crée en même temps les soleils dans les gouffres
    Et le liseron dans le pré !

10 Septembre

O Dieu . . . .
Je ne résiste plus à tout ce qui m'arrive
    Par votre volonté.
L'âme de deuils en deuils, l'homme de rive en rive,
    Roule à l'éternité.

9 Septembre

10 Septembre

11 Septembre

Sous les bois, où tout bruit s'émousse,
Le faon craintif joue en rêvant;
Dans les verts écrins de mousse
Luit le scarabée, or vivant.

La lune au jour est tiède et pâle,
Comme un joyeux convalescent;
Tendre, elle ouvre ses yeux d'opale
D'où la douceur du ciel descend !

12 Septembre

Innocence ! Vertu ! sublimes
Même pour l'œil mort du méchant !
On voit dans l'azur ces deux cimes,
L'une au levant, l'autre au couchant.

Elles guident la nef qui sombre;
L'une est phare, et l'autre est flambeau;
L'une a le berceau dans son ombre,
L'aut   en son ombre a le tombeau.

11 Septembre

12 Septembre

13 Septembre

Partout où le couchant grandit l'ombre des chênes,
Partout où les coteaux croisent leurs molles chaînes,
Partout où sont des champs, des moissons, des cités,
Partout où pend un fruit à la branche épuisée,
Partout où l'oiseau boit des gouttes de rosée,
      Allez, voyez, chantez !

14 Septembre

Fille heureuse ! autour d'elle, ainsi qu'autour d'un
                                                              [temple,
Tout est modeste et doux, tout donne un bon
                                                              [exemple.
L'abeille fait son miel, la fleur rit au ciel bleu,
La tour répand de l'ombre, et, devant la fenêtre,
Sans faute, chaque soir, pour obéir au maître,
L'astre allume humblement sa couronne de feu.

13 Septembre

14 Septembre

15 Septembre

Pourtant, toujours à notre extase,
O Seigneur! tu te dérobas!
Hélas! tu mets là-haut le vase,
Et tu laisses la lèvre en bas!

Mais un jour, ton œuvre profonde,
Nous la saurons, Dieu redouté!
Nous irons voir de monde en monde
S'épanouir ton unité!

16 Septembre

Pour vous, ni soucis, ni douleurs!
La famille vous idolâtre.
L'été, vous courez dans les fleurs;
L'hiver, vous jouez près de l'âtre!

Profitez de ce temps si doux!
Vivez! la joie est vite absente,
Et les plus sombres d'entre nous
Ont eu leur aube éblouissante.

15 Septembre

16 Septembre

17 Septembre

Puisque Dieu l'a voulu, c'est qu'ainsi tout est mieux !
Plus de clarté peut-être aveuglerait nos yeux,
Souvent la branche casse où trop de fruit abonde,
Que deviendrions-nous si, sans mesurer l'onde,
Le Dieu vivant, du haut de son éternité,
Sur l'humaine raison versait la vérité ?

18 Septembre

Jadis, vois-tu, l'avenir, pur rayon,
Apparaissait à mon âme éblouie,
Ciel avec l'astre, onde avec l'alcyon,
Fleur lumineuse à l'ombre épanouie,
    Cette vision
    S'est évanouie.

17 Septembre

18 Septembre

19 Septembre

Le crépuscule, ouvrant la nuit qui les recèle,
Fait jaillir chaque étoile en ardente étincelle ;
L'occident amincit sa frange de carmin ;
La nuit de l'eau dans l'ombre argente la surface ;
Sillons, sentiers, buissons, tout se mêle, s'efface ;
Le passant inquiet doute de son chemin.

20 Septembre

. . . . Quand la brise
Me touche en voltigeant,
La nuit, j'aime être assise,
Être assise en songeant,
L'œil sur la mer profonde,
Tandis que, pâle et blonde,
La lune ouvre dans l'onde
Son éventail d'argent !

✦✦✦✦✦✦✦✦✦✦✦✦ **19 Septembre** ✦✦✦✦✦✦✦✦✦✦✦✦

✦✦✦✦✦✦✦✦✦✦✦✦ **20 Septembre** ✦✦✦✦✦✦✦✦✦✦✦✦

21 Septembre

Contemplez du matin la pureté divine,
Quand la brume en flocons inonde la ravine,
Quand le soleil, que cache à demi la forêt,
Montrant sur l'horizon sa rondeur échancrée,
Grandit comme ferait la coupole dorée
D'un palais d'Orient dont on approcherait !

22 Septembre

Pleure ; mais, tu fais bien, cache-toi pour pleurer.
Aie un asile en toi. Pour t'en désaltérer,
Pour les savourer avec charmes,
Sous le riche dehors de ta prospérité
Dans le fond de ton cœur, comme un fruit pour l'été
    Mets à part ton trésor de larmes !

21 Septembre

22 Septembre

23 Septembre

Oui, va prier à l'église,
Va ; mais regarde en passant,
Sous la vieille voûte grise,
Ce petit nid innocent.

. . . .

Les cathédrales sont belles
Et hautes sous le ciel bleu ;
Mais le nid des hirondelles
Est l'édifice de Dieu.

24 Septembre

Puisqu'ici toute chose
Donne toujours
Son épine ou sa rose
A ses amours

. . . .

Reçois mes vœux sans nombre,
O mes amours !
Reçois la flamme ou l'ombre
De tous mes jours !

23 Septembre

24 Septembre

25 Septembre

Oh ! l'amour, c'est la vie,
C'est tout ce qu'on regrette et tout ce qu'on envie
Quand on voit sa jeunesse au couchant décliner.
Sans lui rien n'est complet, sans lui rien ne rayonne,
La beauté, c'est le front ! l'amour, c'est la couronne !
Laisse-toi couronner !

26 Septembre

Je vous aime, ô sainte nature !
Je voudrais m'absorber en vous ;
Mais, dans ce siècle d'aventure,
Chacun, hélas ! se doit à tous.
. . . .
Dieu le veut, dans les temps contraires,
Chacun travaille et chacun sert.
Malheur à qui dit à ses frères :
« Je retourne dans le désert ! »

25 Septembre

26 Septembre

27 Septembre

Que la foule bien loin de nous
Suive ses routes insensées,
Aimons et tombons à genoux,
Et laissons aller nos pensées.

L'amour, qu'il vienne tôt ou tard,
Prouve Dieu dans notre âme sombre.
Il faut bien un corps quelque part
Pour que le miroir ait une ombre.

28 Septembre

Que faire et que penser? — Nier, douter ou croire?
Carrefour ténébreux! triple route! nuit noire!
Le plus sage s'assied sous l'arbre du chemin,
Disant tout bas : « J'irai, Seigneur, où tu m'envoies. »
Il espère ; et de loin, dans les trois sombres voies,
Il écoute, pensif, marcher le genre humain !

27 Septembre

28 Septembre

29 Septembre

Vois-tu, quoique notre gloire
Brille en ce que nous créons,
Et dans notre grande histoire,
Pleine de grands panthéons,

. . . .

Il resterait peu de choses
A l'homme, qui vit un jour,
Si Dieu nous ôtait les roses,
Si Dieu nous ôtait l'amour !

30 Septembre

Au gré du divin souffle ainsi vont mes pensées,
Dans un cercle éternel incessamment poussées.
Du terrestre océan, dont les flots sont amers,
Comme sous un rayon monte une nue épaisse,
Elles montent toujours vers le ciel, et sans cesse
    Redescendent des cieux aux mers.

29 Septembre

30 Septembre

OCTOBRE

1ᵉʳ Octobre

L'automne souriait, les coteaux vers la plaine
Penchaient leurs bois charmants qui jaunissaient à
[peine,
Le ciel était doré.
Et les oiseaux, tournés vers celui que tout nomme,
Disant peut-être à Dieu quelque chose de l'homme,
Chantaient leur chant sacré!

2 Octobre

Puisque l'air à la branche
Donne l'oiseau;
Que l'aube à la pervenche
Donne un peu d'eau;

Reçois mon bien céleste,
O ma beauté!
Mon cœur, dont rien ne reste,
L'amour ôté.

1ᵉʳ Octobre

2 Octobre

3 Octobre

Ne doutons pas. Croyons. Emplissons l'étendue
De notre confiance, humble, ailée, éperdue;
      Soyons l'immense Oui.
Que notre cécité ne soit pas un obstacle,
A la création donnons ce grand spectacle
      D'un aveugle ébloui.

4 Octobre

Par toute ombre qui passe en baissant la paupière !
Par les vieux saints rangés sous le portail de pierre !
Par la blanche colombe aux rapides adieux !
Par l'orgue ardent dont l'hymne en longs sanglots
      [se brise !
Laisse-toi conseiller par la pensive église,
Laisse-toi conseiller par le ciel radieux !

3 Octobre

4 Octobre

5 Octobre

Ce qui remplit une âme, hélas! tu peux m'en croire,
Ce n'est pas un peu d'or, ni même un peu de gloire,
Poussière que l'orgueil rapporte des combats;
Ni l'ambition folle, occupée aux chimères,
Qui ronge tristement les écorces amères
      Des choses d'ici-bas;
Non, il lui faut, vois-tu, l'hymen de deux pensées!

6 Octobre

Courage donc, esprit, pensées,
Cerveaux d'anxiété rongés,
Cœurs malades, âmes blessées,
Vous qui priez, vous qui songez!

O générations! courage!
Vous qui venez comme à regret,
Avec le bruit que fait l'orage
Dans les arbres de la forêt!

5 Octobre

6 Octobre

7 Octobre

J'étais seul près des flots par une nuit d'étoiles.
Pas un nuage aux cieux, sur les mers pas de voiles.
Mes yeux plongeaient plus loin que le monde réel,
Et les bois, et les monts, et toute la nature
Semblaient interroger dans un confus murmure
    Les flots des mers, les feux du ciel.
Et les étoiles d'or, légions infinies,
A voix haute, à voix basse, avec mille harmonies,
Disaient en inclinant leurs couronnes de feu ;
Et les flots bleus, que rien ne gouverne et n'arrête,
Disaient en recourbant l'écume de leur crête :

8 Octobre

— C'est le Seigneur, le Seigneur Dieu !
  Dieu qui sourit et qui donne,
  Et qui vient vers qui l'attend,
  Pourvu que vous soyez bonne,
    Sera content.

✧✧✧✧✧✧✧✧✧✧✧✧ 7 Octobre ✧✧✧✧✧✧✧✧✧✧✧✧

....
....
....
....
....
....

✧✧✧✧✧✧✧✧✧✧✧✧ 8 Octobre ✧✧✧✧✧✧✧✧✧✧✧✧

....
....
....
....
....
....

9 Octobre

Au-dessus des passions,
Au-dessus de la colère,
Ton noble esprit ne sait faire
Que de nobles actions.
Quand jusqu'à nous tu te penches,
C'est ainsi que tu t'épanches
Sur nos cœurs que tu soumets :
D'un cygne il ne peut jamais
Tomber que des plumes blanches !

10 Octobre

Pleure. Les pleurs vont bien même au bonheur ; tes
[chants
Sont plus doux dans les pleurs, tes yeux purs et tou-
[chants
Sont plus beaux quand tu les essuies.
L'été, quand il a plu, le champ est plus vermeil,
Et le ciel fait briller plus frais au beau soleil
Son azur, lavé par les pluies !

9 Octobre

10 Octobre

11 Octobre

La nature grande et touchante,
La nature qui vous enchante,
Blesse mes regards attristés.
Le jour est dur, l'aube est meilleure.
Hélas ! la voix qui me dit : « Pleure ! »
Est celle qui vous dit : « Chantez ! »

12 Octobre

La gaité manque au grand roi sans amour ;
La goutte d'eau manque au désert immense.
L'homme est un puits où le vide toujours
      Recommence.

. . . .

Le ciel, qui sait nos maux et nos douleurs,
Prend en pitié nos jours vains et sonores.
Chaque matin, il baigne de ses pleurs
      Nos aurores.

11 Octobre

12 Octobre

13 Octobre

C'est l'heure où les enfants parlent avec les anges.
Tandis que nous courons à nos plaisirs étranges,
Tous les petits enfants les yeux levés au ciel,
Mains jointes et pieds nus, à genoux sur la pierre,
Disant à la même heure une même prière,
Demandent pour nous grâce au Père universel !

14 Octobre

Aime et ne désespère pas.
Dans ton âme où parfois je passe,
Où mes vers chuchotent tout bas,
Laisse chaque chose à sa place.

La fidélité sans ennui,
La paix des vertus élevées,
Et l'indulgence pour autrui
Éponge des fautes lavées.

13 Octobre

14 Octobre

15 Octobre

Prie encor pour tous ceux qui passent
Sur cette terre de vivants!

. . . .

Pour l'insensé qui met sa joie
Dans l'éclat d'un manteau de soie,
Dans la vitesse d'un cheval!
Pour quiconque souffre et travaille,
Qu'il s'en revienne ou qu'il s'en aille,
Qu'il fasse le bien ou le mal!

16 Octobre

Jeune ou vieux, imprudent ou sage,
Toi qui, de cieux en cieux errant comme un nuage,
Suis l'appel d'un plaisir ou l'instinct d'un besoin,
Voyageur, où vas-tu si loin?
N'est-ce donc pas ici le but de ton voyage?

✧✧✧✧✧✧✧✧✧✧✧✧✧ **15 Octobre** ✧✧✧✧✧✧✧✧✧✧✧✧✧

✧✧✧✧✧✧✧✧✧✧✧✧✧ **16 Octobre** ✧✧✧✧✧✧✧✧✧✧✧✧✧

17 Octobre

Les feuilles qui gisaient dans le bois solitaire,
S'efforçant sous ses pas de s'élever de terre,
  Couraient dans le jardin ;
Ainsi parfois, quand l'âme est triste, nos pensées
S'envolent un moment sur leurs ailes blessées,
  Puis retombent soudain.

18 Octobre

Oh !... pourquoi ce chagrin qui vous suit ?
  . Pourquoi pleurer encore,
Vous, femme au cœur charmant, sombre comme la
                                              [nuit,
  Douce comme l'aurore ?
. . . .
La douleur est un fruit : Dieu ne le fait pas croître
Sur la branche trop faible encor pour le porter.

17 Octobre

18 Octobre

19 Octobre

Donnez! afin que Dieu, qui dote les familles,
Donne à vos fils la force et la grâce à vos filles;
Afin que votre vigne ait toujours un doux fruit,
Afin qu'un blé plus mûr fasse plier vos granges;
Afin d'être meilleurs, afin de voir les anges
   Passer dans vos rêves la nuit!

20 Octobre

Enfant! si j'étais roi, je donnerais l'empire,
Et mon char, et mon sceptre, et mon peuple à ge-
              [noux
Et ma couronne d'or, et mes bains de porphyre,
Et mes flottes, à qui la mer ne peut suffire,
   Pour un regard de vous!

19 Octobre

20 Octobre

21 Octobre

O poètes sacrés, échevelés, sublimes,
Allez et répandez votre âme sur les cimes,
Sur les sommets de neige en butte aux aquilons,
Sur les déserts pieux où l'esprit se recueille,
Sur les bois que l'automne emporte feuille à feuille,
Sur les lacs endormis dans l'ombre des vallons !

22 Octobre

Oh ! votre œil est timide et votre front est doux :
Mais quoique, par pudeur et par pitié pour nous,
  Vous teniez secrète votre âme,
Quand du souffle d'en haut votre cœur est touché,
Votre cœur, comme un feu sous la cendre caché,
  Soudain étincelle et s'enflamme.

21 Octobre

22 Octobre

23 Octobre

. . . .
  Que suis-je ? — Esprit qu'un souffle enlève.
Comme une feuille morte échappée aux bouleaux
Qui sur une onde en pente erre de flots en flots,
  Mes jours s'en vont de rêve en rêve !

24 Octobre

Vois le prêtre priant pour tous ;
Front pur qui sous nos fautes penche,
Songer dans le temple, à genoux
Sur les plis de sa robe blanche.
Vois s'élever sur les hauteurs
Tous ces grands penseurs que tu nommes,
Sombres esprits dominateurs,
Chênes dans la forêt des hommes.

23 Octobre

24 Octobre

25 Octobre

Le vrai trésor rempli de charmes,
C'est un groupe pour vous priant
D'enfants qu'on a trouvés en larmes
Et qu'on a laissés souriant !
Les biens que je donne à qui m'aime,
Jamais Dieu ne les retira.
L'or que sur le pauvre je sème
Pour le riche au ciel germera !

26 Octobre

Ceux-ci partent, ceux-là demeurent,
Sous le sombre aquilon, dont les mille voix pleurent.
Poussière et genre humain, tout s'envole à la fois.
Hélas ! le même vent souffle, en l'ombre où nous
[sommes,
Sur toutes les têtes des hommes,
Sur toutes les feuilles des bois.

25 Octobre

26 Octobre

27 Octobre

Oh ! laissez-moi ! c'est l'heure où l'horizon qui fume
Cache un front inégal sous un cercle de brume ;
L'heure où l'astre géant rougit et disparait.
Le grand bois jaunissant dore seul la colline.
On dirait qu'en ces jours où l'automne décline
Le soleil et la pluie ont rouillé la forêt.

28 Octobre

A cette terre où l'on ploie
Sa tente au déclin du jour,
Ne demande pas la joie ;
Contente-toi de l'amour !

Excepté lui, tout s'efface.
La vie est un sombre lieu
Où chaque chose qui passe
Ébauche l'homme pour Dieu.

27 Octobre

28 Octobre

29 Octobre

Mais, hélas! juillet fait sa gerbe;
L'été, lentement effacé,
Tombe feuille à feuille dans l'herbe,
Et jour à jour dans le passé.

Puis octobre perd sa dorure;
Et les bois, dans les lointains bleus,
Couvrent de leur douce tourrure
L'épaule des coteaux frileux.

30 Octobre

Malheur à qui prend ses sandales
Quand les haines et les scandales
Tourmentent le peuple agité !
Honte au penseur qui se mutile,
Et s'en va, chanteur inutile,
Par la porte de la cité !

29 Octobre

30 Octobre

31 Octobre

Si vous avez en vous, vivantes et pressées,
Un monde intérieur d'images, de pensées,
De sentiment, d'amour, d'ardente passion,
Pour féconder ce monde, échangez-le sans cesse
Avec l'autre univers visible qui vous presse !
Mêlez toute votre âme à la création !

31 Octobre

NOVEMBRE

1ᵉʳ Novembre

Par-dessus l'horizon aux collines brunies,
Le soleil, cette fleur des splendeurs infinies,
Se penchait sur la terre, à l'heure du couchant;
Une humble marguerite éclose au bord d'un champ,
Sur un mur gris croulant parmi l'avoine folle,
Blanche, épanouissait sa candide auréole !
Et la petite fleur, par-dessus le vieux mur,
Regardait fixement, dans l'éternel azur,
Le grand astre épanchant sa lumière immortelle.
« Et moi, j'ai des rayons aussi ! » lui disait-elle.

2 Novembre

Pourvu que chacun de vous suive
Un sentier ou bien un sillon ;
Que, flot sombre, il ait Dieu pour rive,
Et nuage pour aquilon ;

Pourvu qu'il ait sa foi qu'il garde,
Et qu'en sa joie ou sa douleur
Parfois doucement il regarde
Un enfant, un astre, une fleur !

1ᵉʳ Novembre

2 Novembre

3 Novembre

La tombe dit à la rose :
« Des pleurs dont l'aube t'arrose
Que fais-tu, fleur des amours ? »
La rose dit à la tombe :
« Que fais-tu de ce qui tombe
Dans ton gouffre ouvert toujours ? »
La rose dit : « Tombeau sombre,
De ces pleurs je fais dans l'ombre
Un parfum d'ambre et de miel. »
La tombe dit : « Fleur plaintive,
De chaque âme qui m'arrive
Je fais un ange du ciel ! »

4 Novembre

On a toujours souffert ou bien on souffrira.
    Malheur aux insensés qui rient !
Le Seigneur nous relève alors que nous tombons.
Car il préfère encore les malheureux aux bons,
    Ceux qui pleurent à ceux qui prient !

✧✧✧✧✧✧✧✧✧✧✧ **3 Novembre** ✧✧✧✧✧✧✧✧✧✧

....
....
....
....
....
....

✧✧✧✧✧✧✧✧✧✧✧ **4 Novembre** ✧✧✧✧✧✧✧✧✧✧

....
....
....
....
....
....

5 Novembre

Heureux ceux que mon zèle enflamme !
Qui donne aux pauvres prête à Dieu.
Le bien qu'on fait parfume l'âme ;
On s'en souvient toujours un peu !

Le soir, au seuil de sa demeure,
Heureux celui qui sait encor
Ramasser un enfant qui pleure,
Comme un avare un sequin d'or !

6 Novembre

Soit que juin ait verdi mon seuil, ou que novembre
Fasse, autour d'un grand feu vacillant dans la
[chambre,
Les chaises se toucher,
Quand l'enfant vient, la joie arrive et nous éclaire.
On rit, on se récrie, on l'appelle, et sa mère
Tremble à le voir marcher.

✧✧✧✧✧✧✧✧✧✧✧✧ 5 Novembre ✧✧✧✧✧✧✧✧✧✧✧✧

....
....
....
....
....
....

✧✧✧✧✧✧✧✧✧✧✧✧ 6 Novembre ✧✧✧✧✧✧✧✧✧✧✧✧

....
....
....
....
....
....

7 Novembre

Lorsque je te contemple, ô mon charme suprême,
Quand ta noble nature, épanouie aux yeux,
Comme l'ardent buisson qui contenait Dieu même,
Ouvre toutes ses fleurs et jette tous ses feux ;
Ce qui sort à la fois de tant de douces choses,
Ce qui de ta beauté s'exhale nuit et jour,
Comme un parfum formé du souffle de cent roses,
C'est bien plus que la terre et le ciel, — c'est l'a-
[mour !

8 Novembre

Hélas ! hélas ! dit le poète,
J'ai l'amour des eaux et des bois ;
Ma meilleure pensée est faite
De ce que murmure leur voix.
Car la créature est sans haine :
Là, point d'obstacle et point de chaîne ;
Les prés, les monts, sont bienfaisants ;
Les soleils m'expliquent les roses,
Dans la sérénité des choses
Mon âme rayonne en tous sens.

7 Novembre

8 Novembre

9 Novembre

Oui, de leur sort tous les hommes sont las.
Pour être heureux, à tous, — destin morose ! —
Tout a manqué ; tout, c'est-à-dire, hélas !
　　　　Peu de chose.
Ce peu de chose est ce que, pour sa part,
Dans l'univers chacun cherche et désire :
Un mot, un nom, un peu d'or, un regard,
　　　　Un sourire !

10 Novembre

Le pâtre songe, solitaire,
Pauvre et nu, mangeant son pain bis,
Il ne connaît rien de la terre
Que ce que broute la brebis.
Pourtant il sait que l'homme souffre ;
Mais il sonde l'éther profond.
Toute solitude est un gouffre,
Toute solitude est un mont.

✦✦✦✦✦✦✦✦✦✦✦✦ 9 Novembre ✦✦✦✦✦✦✦✦✦✦✦✦

✦✦✦✦✦✦✦✦✦✦✦✦ 10 Novembre ✦✦✦✦✦✦✦✦✦✦✦✦

11 Novembre

Car, ô poètes saints ! l'art est le son sublime,
Simple, divers, profond, mystérieux, intime,
Fugitif comme l'eau qu'un rien fait dévier,
Redit par un écho dans toute créature,
Que sous vos doigts puissants exhale la nature,
　　　Cet immense clavier !

12 Novembre

Nous vivons tous penchés sur un océan triste.
L'onde est sombre. Qui donc survit ? Qui donc
　　　　　　　　　　　　　　[existe ?
　　Ce bruit sourd c'est le glas.
Chaque flot est une âme, et tout fuit. Rien ne brille.
Un sanglot dit : « Mon père ! » un sanglot dit : « Ma
　　　　　　　　　　　　　　[fille ! »
　　Un sanglot dit : « Hélas ! »

11 Novembre

12 Novembre

13 Novembre

Sois calme. Le repos va du cœur au visage,
La tranquillité fait la majesté du sage.
Sois joyeuse. La foi vit dans l'austérité ;
Un des reflets du ciel, c'est le rire des femmes ;
La joie est la chaleur qui jette dans les âmes
Cette clarté d'en haut qu'on nomme Vérité.

14 Novembre

Mes amis, qui veut de la joie ?
Moi, toi, vous. Eh bien ! donnons tous :
Donnons aux pauvres à genoux
Le soir, de peur qu'on ne nous voie.
Cet infirme aux pas alourdis
Peut faire en notre âme troublée
Descendre la joie étoilée
Des profondeurs du paradis.

13 Novembre

14 Novembre

15 Novembre

Dans ta pensée, où tout est beau,
Que rien ne tombe ou ne recule !
Fais de ton amour ton flambeau :
On s'éclaire de ce qui brûle.

. . . .

Garde ton amour éternel.
L'hiver, l'astre éteint-il sa flamme ?
Dieu ne retire rien du ciel.
Ne retire rien de ton âme.

16 Novembre

Si vous n'avez rien à m'apprendre,
Pourquoi me pressez-vous la main ?
Sur le rêve angélique et tendre
Auquel vous songez en chemin,
Si vous n'avez rien à m'apprendre,
Pourquoi me pressez-vous la main ?

15 Novembre

16 Novembre

17 Novembre

Donnez ! il vient un jour où la terre nous laisse.
Vos aumônes là-haut vous font une richesse.
Donnez ! afin qu'on dise : « Il a pitié de nous ! »
Afin que l'indigent que glacent les tempêtes,
Que le pauvre qui souffre à côté de vos fêtes,
Au seuil de vos palais fixe un œil moins jaloux !

18 Novembre

Ce n'est pas à moi, ma colombe,
De prier pour tous les mortels,
Pour les vivants dont la foi tombe
Pour tous ceux qu'enferme la tombe,
Cette racine des autels !
Ce n'est pas moi, dont l'âme est vaine,
Pleine d'erreurs, vide de foi,
Qui prierais pour la race humaine,
Puisque ma voix suffit à peine,
Seigneur, à vous prier pour moi !

✧✧✧✧✧✧✧✧✧✧✧✧ **17 Novembre** ✧✧✧✧✧✧✧✧✧✧✧✧

✧✧✧✧✧✧✧✧✧✧✧✧ **18 Novembre** ✧✧✧✧✧✧✧✧✧✧✧✧

19 Novembre

Vous, hommes de persévérance,
Qui voulez toujours le bonheur,
Et tenez encore l'espérance,
Ce pan du manteau du Seigneur !
Chercheurs qu'une lampe accompagne,
Pasteurs armés de l'aiguillon,
Courage à tous sur la montagne,
Courage à tous dans le vallon !

20 Novembre

Chaque chose et chacun, âme, être, objet ou nombre,
Suivra son cours, sa loi, son but, sa passion,
Portant sa pierre à l'œuvre indéfinie et sombre
Qu'avec le genre humain fait la création !

Moi, je contemplerai le Dieu père du monde,
Qui livre à notre soif, dans l'ombre ou la clarté,
Le ciel, cette grande urne adorable et profonde
Où l'on puise le calme et la sérénité !

19 Novembre

20 Novembre

21 Novembre

Êtes-vous sombre ? Oui, vous l'êtes :
Eh bien ! donnez ; donnez encor.
Riche, en échange d'un peu d'or
Ou d'un peu d'argent que tu jettes,

Indifférent, parfois moqueur,
A l'indigent dans sa chaumière,
Dieu te donne de la lumière
Dont tu peux te remplir le cœur !

22 Novembre

Entre l'onde, des vents bercée,
Et le ciel, gouffre éblouissant,
Toujours, pour l'œil de la pensée,
Quelque chose monte ou descend,

. . . .

Et l'idée à mon cœur sans voile,
A travers la vague ou l'éther,
Du fond des cieux arrive étoile,
Ou perle du fond de la mer !

21 Novembre

22 Novembre

23 Novembre

Ne foule pas les morts d'un œil indifférent :
Comme moi, dans leur ville il te faudra descendre.
L'homme de jour en jour s'en va pâle et mourant,
Et tu ne sais quel vent doit emporter ta cendre.
Mais devant moi ton cœur à peine est agité.
Quoi donc ! pas un soupir ? pas même une prière ?
Tout ton néant te parle et n'est point écouté !

24 Novembre

Ainsi je rêve; ainsi je songe,
Tandis qu'aux yeux des matelots
La nuit sombre à chaque instant plonge
Des groupes d'astres dans les flots !

Moi que Dieu tient sous son empire,
J'admire, humble et religieux,
Et par tous les pores j'aspire
Ce spectacle prodigieux !

23 Novembre

24 Novembre

25 Novembre

Tandis que sur les bois, les prés et les charmilles,
S'épanchent la lumière et la splendeur des cieux,
Toi, poète serein, répands sur les familles,
Répands sur les enfants et sur les jeunes filles,
Répands sur les vieillards ton chant religieux !

26 Novembre

Ce reflet des biens sans nombre,
Nous l'appelons le bonheur,
Et nous voulons saisir l'ombre
Quand la chose est au Seigneur !

Va, si haut nul ne s'élève :
Sur terre il faut demeurer ;
On sourit de ce qu'on rêve,
Mais ce qu'on a fait pleurer !

✧✧✧✧✧✧✧✧✧✧ **25 Novembre** ✧✧✧✧✧✧✧✧✧✧

✧✧✧✧✧✧✧✧✧✧ **26 Novembre** ✧✧✧✧✧✧✧✧✧✧

27 Novembre

Les pauvres gens de la côte,
L'hiver, quand la mer est haute
    Et qu'il fait nuit,
Viennent où finit la terre
Voir les flots pleins de mystère
    Et pleins de bruit.
Ils sondent la mer sans bornes ;
Ils pensent aux écueils mornes
    Et triomphants ;
L'orpheline, pâle et seule,
Crie : « O mon père ! » et l'aïeule
    Dit : « Mes enfants ! »

28 Novembre

Sois bonne et douce, et lève un front pieux.
Comme le jour dans les cieux met sa flamme,
Toi, mon enfant, dans l'azur de tes yeux
    Mets ton âme !

27 Novembre

28 Novembre

29 Novembre

Le pauvre, en pleurs sur le chemin,
Nu sur son grabat misérable,
Affamé, tremblant, incurable,
Est l'essayeur du cœur humain.

Qui le repousse en est plus morne ;
Qui l'assiste s'en va content,
Ce vieux homme humble et grelottant,
Ce spectre du coin de la borne !

30 Novembre

Matelots ! matelots ! vous déploierez les voiles,
Vous voguerez, joyeux parfois, mornes souvent ;
Et vous regarderez aux lueurs des étoiles
La rive, écueil ou port, selon le coup de vent.

Foudres vous nommerez le Dieu que la mer nomme ;
Ruisseaux vous nourrirez la fleur qu'avril dora ;
Vos flots refléteront l'ombre austère de l'homme,
Et vos flots couleront, et l'homme passera !

29 Novembre

30 Novembre

DÉCEMBRE

1ᵉʳ Décembre

Donnez! pour être aimés du Dieu qui se fit homme,
Pour que le méchant même en s'inclinant vous
[nomme,
Pour que votre foyer soit calme et fraternel;
Donnez! afin qu'un jour, à votre heure dernière,
Contre tous vos péchés vous ayez la prière
 D'un mendiant puissant au ciel!

2 Décembre

Il pleure, la nature est morte!
O rude hiver! ô dure loi!
Soudain un ange ouvre sa porte,
Et dit en souriant : « C'est moi! »

Cet ange qui donne et qui tremble,
C'est l'aumône aux yeux de douceur,
Au front crédule, et qui ressemble
A la foi, dont elle est la sœur!

1ᵉʳ Décembre

2 Décembre

3 Décembre

J'ai vu la vie en fleurs sur mon front s'élever
        Pleine de douces choses.
Mais quoi! me crois-tu donc assez fou pour rêver
        L'éternité des roses?

Les chimères qu'enfant mes mains croyaient tou-
                                [cher
        Maintenant sont absentes,
Et je dis au bonheur ce que dit le nocher
        Aux rives décroissantes.

4 Décembre

L'âme en vivant s'altère; et, quoiqu'en toute chose
La fin soit transparente et laisse voir la cause,
On vieillit, sous le vice et l'erreur abattu;
A force de marcher, l'homme erre, l'esprit doute.
Tous laissent quelque chose aux buissons de la
                                        [route:
Les troupeaux leur toison, et l'homme sa vertu!

3 Décembre

4 Décembre

5 Décembre

— Autour de vous tant de grâce étincelle,
Votre chant est si pur, votre danse recèle
    Un charme si vainqueur,
Un si touchant regard baigne votre prunelle,
Toute votre personne a quelque chose en elle,
    De si doux pour le cœur,
Que lorsque vous venez, jeune astre qu'on admire,
Éclairer notre nuit d'un rayonnant sourire
    Qui nous fait palpiter,
Comme l'oiseau des bois devant l'aube vermeille,
Une tendre pensée au fond des cœurs s'éveille
    Et se met à chanter !

6 Décembre

Puisqu'un Dieu saigne au Calvaire,
Ne nous plaignons pas, crois-moi.
Souffrons ! c'est la loi sévère ;
Aimons ! c'est la douce loi.

5 Décembre

6 Décembre

7 Décembre

Vois ces penseurs que nous divinisons,
Vois ces héros dont les fronts nous dominent,
Noms dont toujours nos sombres horizons
    S'illuminent !

Après avoir, comme fait un flambeau,
Ébloui tout de leurs rayons sans nombre,
Ils sont allés chercher dans le tombeau
    Un peu d'ombre.

8 Décembre

L'espoir, c'est l'aube incertaine ;
Sur notre but sérieux,
C'est la dorure lointaine
D'un rayon mystérieux.

C'est le reflet, brume ou flamme,
Que dans leur calme éternel
Versent d'en haut sur notre âme
Les félicités du ciel.

7 Décembre

8 Décembre

9 Décembre

A ces démons d'inimitié
Oppose ta douceur sereine,
Et reverse-leur en pitié
Tout ce qu'ils ont vomi de haine :

La haine, c'est l'hiver du cœur.
Plains-les ! mais garde ton courage,
Garde ton sourire vainqueur ;
Bel arc-en-ciel, sors de l'orage !

10 Décembre

. . . . . Pensons et vivons à genoux.
Tâchons d'être sagesse, humilité, lumière ;
Ne faisons point un pas qui n'aille à la prière,
Car nos perfections rayonneront bien peu
Après la mort, devant l'étoile et le ciel bleu.
Dieu seul peut nous sauver. . . . .

9 Décembre

10 Décembre

11 Décembre

Pleure afin de savoir ! Les larmes sont un don.
Souvent les pleurs, après l'erreur et l'abandon,
Raniment nos forces brisées;
Souvent l'âme, sentant, au doute qui s'enfuit,
Qu'un jour intérieur se lève dans sa nuit,
Répand de ces douces rosées !

12 Décembre

Dieu nous prête un moment les prés et les fontaines
Les grands bois frissonnants, les rocs profonds et
[sourds,
Et les cieux azurés et les lacs et les plaines,
Pour y mettre nos cœurs, nos rêves, nos amours !

Puis il nous les retire. Il souffle notre flamme.
Il plonge dans la nuit l'antre où nous rayonnons,
Et dit à la vallée, où s'imprima notre âme,
D'effacer notre trace et d'oublier nos noms.

11 Décembre

12 Décembre

13 Décembre

Je suis la Charité, l'amie
Qui se réveille avant le jour,
Quand la nature est rendormie,
Et que Dieu m'a dit : « A ton tour ! »

Je viens visiter ta chaumière,
Veuve de l'été si charmant.
Je suis fille de la Prière,
J'ai des mains qu'on ouvre aisément.

14 Décembre

Tout, dès que nous doutons, devient triste et fa-
　　　　　　　　　　　　　　　　　　[rouche.
Quand il veut, spectre gai, le sarcasme à la bouche
　　　　Et l'ombre dans les yeux,
Rire avec l'infini, pauvre âme aventurière,
L'homme frissonnant voit les arbres en prière
　　　　Et les monts sérieux !

✦✦✦✦✦✦✦✦✦✦✦✦ 13 Décembre ✦✦✦✦✦✦✦✦✦✦✦✦

✦✦✦✦✦✦✦✦✦✦✦✦ 14 Décembre ✦✦✦✦✦✦✦✦✦✦✦✦

15 Décembre

Lorsqu'il est temps que l'été meure
Sous l'hiver sombre et solennel,
Même à travers le ciel qui pleure
On voit son sourire éternel !

Car sur les familles souffrantes,
L'hiver, l'été, la nuit, le jour,
Avec des urnes différentes
Dieu verse à grands flots son amour.

16 Décembre

Quelquefois nous parlons, en remuant la flamme,
De patrie et de Dieu, des poètes, de l'âme
   Qui s'élève en priant ;
L'enfant paraît, adieu le ciel et la patrie
Et les poètes saints ! la grave causerie
   S'arrête en souriant.

✧✧✧✧✧✧✧✧✧✧✧✧ **15 Décembre** ✧✧✧✧✧✧✧✧✧✧✧✧

✧✧✧✧✧✧✧✧✧✧✧✧ **16 Décembre** ✧✧✧✧✧✧✧✧✧✧✧✧

17 Décembre

Laissez, laissez brûler pour vous, ô vous que j'aime !
Mes chants dans mon âme allumés !
Vivez pour la nature, et le ciel, et moi-même !
Après avoir souffert, aimez !

Laissez entrer en vous, après nos deuils funèbres,
L'Aube, fille des Nuits, l'Amour, fils des Douleurs,
Tout ce qui luit dans les ténèbres,
Tout ce qui sourit dans les pleurs !

18 Décembre

Frêle bulle d'azur au roseau suspendue,
Qui tremble au moindre choc et vacille éperdue,
Voilà tous nos projets, nos plaisirs, notre bruit !
Folle création qu'un zéphyr inquiète !
Sphère aux mille couleurs, d'une goutte d'eau faite !
Monde qu'un souffle crée et qu'un souffle détruit !

❖❖❖❖❖❖❖❖❖❖❖❖ 17 Décembre ❖❖❖❖❖❖❖❖❖❖❖❖

❖❖❖❖❖❖❖❖❖❖❖❖ 18 Décembre ❖❖❖❖❖❖❖❖❖❖❖❖

19 Décembre

O mon enfant, tu vois, je me soumets :
Fais comme moi ; vis du monde éloignée ;
Heureuse ? non ; triomphante ? jamais !
 — Résignée ! —

. . . .

Nul n'est heureux et nul n'est triomphant.
L'heure est pour tous une chose incomplète.
L'heure est une ombre, et notre vie, enfant,
En est faite.

20 Décembre

Courage ! — dans l'ombre et l'écume
Le but apparaîtra bientôt !
Le genre humain dans une brume,
C'est l'énigme et non pas le mot !
Assez de nuit et de tempête
A passé sur vos fronts penchés ;
Levez les yeux ! levez la tête !
La lumière est là-haut : marchez !

19 Décembre

20 Décembre

21 Décembre

L'hiver des nuages sans nombre
Sort, et chasse l'été du ciel,
Pareil au temps, ce faucheur sombre
Qui suit le semeur éternel.

Le pauvre alors s'effraye et prie.
L'hiver, hélas ! c'est Dieu qui dort ;
C'est la faim livide et maigrie
Qui tremble auprès du foyer mort !

22 Décembre

Oh ! que l'été brille ou s'éteigne,
Pauvres, ne désespérez pas.
Le Dieu qui sourit et qui règne
A mis ses pieds où sont vos pas !
. . . .

Vous pour qui la vie est mauvaise,
Espérez : il veille sur vous !
Il sait bien que cela pèse,
Lui qui tomba sur ses genoux !

21 Décembre

22 Décembre

23 Décembre

Aimer c'est avoir dans les mains
Un fil pour toutes les épreuves,
Un flambeau pour tous les chemins,
Une coupe pour tous les fleuves.

Aimer c'est comprendre les cieux,
C'est mettre, qu'on dorme ou qu'on veille,
Une lumière dans ses yeux,
Une musique en son oreille !

24 Décembre

Si tu veux du repos, si tu cherches de l'ombre,
Ta couche est prête : accours ! loin du bruit on y
[dort.
Si ton fragile esquif lutte sur la mer sombre,
Viens : c'est ici l'écueil ; viens, c'est ici le port !
Ne sens-tu rien ici dont tressaille ton âme ?
Rien qui borne tes pas d'un cercle impérieux ?
  Sur l'asile qui te réclame,
Ne lis-tu pas ton nom en mots mystérieux ?

23 Décembre

....
....
....
....
....
....

24 Décembre

....
....
....
....
....
....

25 Décembre

J'avais devant les yeux les ténèbres. L'abîme,
Qui n'a pas de rivage et qui n'a pas de cime,
Était là, morne, immense, et rien n'y remuait.
Je me sentais perdu dans l'infini muet.
Au fond, à travers l'ombre, impénétrable voile,
On apercevait Dieu comme une sombre étoile.
Je m'écriai : « Mon âme, ô mon âme ! il faudrait,
Pour traverser ce gouffre où nul bord n'apparaît,
Et pour qu'en cette nuit jusqu'à ton Dieu tu mar-
[ches,
Bâtir un pont géant sur des millions d'arches !
Qui le pourra jamais ? Personne ! ô deuil ! effroi !
Pleure ! » Un fantôme blanc se dressa devant moi,
. . . .
Et me dit : « Si tu veux, je bâtirai le pont ! »
Vers ce pâle inconnu je levai ma paupière :
« Quel est ton nom ? » lui dis-je. Il me dit : « La
Prière ! »

26 Décembre

Oh ! la chose est triste et fatale,
Lorsque chez le riche hautain
Un grand feu tremble dans la salle,
Reflété par un grand festin,

De voir, quand l'orgie enrouée
Dans la pourpre s'égaye et rit,
A peine une toile trouée
Sur les membres de Jésus-Christ !

✧✧✧✧✧✧✧✧✧✧✧✧ **25 Décembre** ✧✧✧✧✧✧✧✧✧✧✧✧

✧✧✧✧✧✧✧✧✧✧✧✧ **26 Décembre** ✧✧✧✧✧✧✧✧✧✧✧✧

27 Décembre

. . . . Vous dont l'âme est forte,
Vous dont le cœur est grand, vous dites : « Que
[m'importe
Si le temps fuit toujours,
Et si toujours un souffle emporte quand il passe,
Pêle-mêle à travers la durée et l'espace,
Les hommes et les jours ! »

. . . .
Car vous avez l'amour des choses immortelles :
Rien de ce que le temps emporte sur ses ailes
Des vôtres n'est tombé !

28 Décembre

D'autres yeux de ces flots sans nombre,
Ont vainement cherché le fond !
D'autres yeux se sont emplis d'ombre
A contempler ce ciel profond !

27 Décembre

28 Décembre

29 Décembre

Le temps ! les ans ! les jours ! mots que la foule
ignore !
Mots profonds qu'elle croit à d'autres mots pareils !
Quand l'heure tout à coup lève sa voix sonore,
Combien peu de mortels écoutent ses conseils !

30 Décembre

L'homme les use, hélas ! ces fugitives heures,
En folle passion, en folle volupté,
Et croit que Dieu n'a pas fait de choses meilleures
Que les chants, les banquets, le rire et la beauté !

Son temps dans les plaisirs s'en va sans qu'il y pense.
Imprudent ! est-il sûr de demain ? d'aujourd'hui ?
En dépensant ses jours, sait-il ce qu'il dépense ?
Le nombre en est compté par un autre que lui !

✧✧✧✧✧✧✧✧✧✧✧✧ **29 Décembre** ✧✧✧✧✧✧✧✧✧✧✧✧

....

....

....

....

....

....

✧✧✧✧✧✧✧✧✧✧✧✧ **30 Décembre** ✧✧✧✧✧✧✧✧✧✧✧✧

....

....

....

....

....

....

31 Décembre

L'année en s'enfuyant par l'année est suivie :
Encore une qui meurt ! Encore un pas du temps !
Encore une limite atteinte dans la vie !
Encore un sombre hiver jeté sur nos printemps !

31 Décembre

www.ingramcontent.com/pod-product-compliance
Lightning Source LLC
Chambersburg PA
CBHW071852230426
43671CB00010B/1317